VISIBLE HISTORY OF THE WORLD

看得見的世界史

俄羅斯

肖石忠 編

RUSSIA

W
S

前言

VISIBLE HISTORY OF THE WORLD

俄羅斯——這個世界上領土面積最大的國家，民族性格猶如翱翔在藍天上的雄鷹。早在六七世紀時，勇敢的瓦良格人就開發了這片原始的土地，並深入到窩瓦河流域。此後數年，經過數代瓦良格人的努力，他們最終與其他種族人結合，形成了最初的俄羅斯民族。

如果說俄羅斯是一位屹立在大地上的巨人，那麼無論是瓦良格人遭遇的艱苦環境，還是遭異族入侵，都擋不住這個巨人前進的腳步；如果說俄羅斯是一隻翱翔於浩瀚蒼穹的雄鷹，那麼無論是史達林格勒異常慘烈的城市攻防，還是德黑蘭弱肉強食的政治角逐，都阻擋不住這隻雄鷹對自由的追求……俄羅斯民族奮鬥的歷史就是一場場艱苦卓絕的戰鬥史，任那滾滾而去的窩瓦河也無法掩蓋他們的怒吼；俄羅斯民族奮鬥的歷史就是自由歌唱的狂想曲，任那悠揚飄蕩在莫斯科上空的三弦琴聲也無法追上它自由的足跡……。

在這裡，我們既可以看到斯維亞托斯拉夫的狂暴、雅羅斯拉夫爾的聰明、伊凡四世的雷厲風行、彼得一世的智慧、葉卡捷琳娜二世的開明，也能看到蘇沃洛夫的天才、尼古拉一世的專制、伏龍芝的傳奇、列寧的非凡、史達林的鐵腕政策……正是他們，將世界上一個領土面積最為遼闊的國家的政治、經濟、文化、軍事等一系列發展過程展現在人們面前，描繪出一幅大國行進的歷史畫卷。

彼得大帝

1

彼得大帝誕生於1672年，是俄國歷史上一位非凡的君主。他在位期間興辦工廠，發展貿易、教育和科研事業，同時推行軍事改革，建立了正規的陸海軍。他勇敢挑戰俄國數百年的無知與孤立，推動巨大的變革，使俄國的版圖不斷擴大，並將俄羅斯帝國推入現代世界。

彼得三世與葉卡捷琳娜二世

2

1742年，13歲的葉卡捷琳娜二世被伊莉莎白一世挑選為皇位繼承人彼得三世的未婚妻。1762年，她率領禁衛軍發動政變而即位。在她統治期間，俄羅斯帝國向南、向西擴張，將大片領土納入囊中。其才幹與名氣聞名海內外，也是俄羅斯歷史上唯一一位被冠以「大帝」之名的女皇。

油畫《伏爾加河上的縴夫》

3

1870年的一天，聖彼得堡美術學院27歲的學生伊利亞・葉菲莫維奇・列賓在涅瓦河上寫生，突然發現河的對岸有一隊人像牲口似地在河岸邊蠕動，走近才看清是一行拉著滿載貨物大船的縴夫。他又把目光轉向涅瓦河

橋上往來人群熱烈豪華的場景。這是兩個完全不同的世界，年輕畫家感歎道：

4

普希金

普希金是俄羅斯著名文學家，現代俄國文學的創始人，19世紀俄羅斯現實主義文學的奠基人，被譽為「俄羅斯文學之父」。

5

正在發表演講的列寧

1917年11月7日，列寧在聖彼得堡發動了十月革命，擁護布爾什維克的工人、士兵和水兵於次日凌晨2點占領臨時政府所在地冬宮，宣告推翻俄國臨時政府，成立人民委員會，並在第二次全俄蘇維埃代表大會上宣布了蘇維埃政權的建立。

6

巴甫洛夫大樓裡的蘇軍戰士

巴甫洛夫大樓是位於史達林格勒中心的一座四層高的公寓樓。1942年9月，大樓被德軍攻擊，為遵守史達林的第227號命令——「不許後退一步」，蘇聯第13禁衛步兵師的一個排奉命防守於此。德軍一天幾次進攻大樓，每次都會遭到士兵們的猛烈反擊。

7

「太空飛人」加加林

1961年4月12日，蘇聯太空人加加林乘坐「東方」號飛船進入太空，揭開了人類載人航太歷史的第一頁，4月12日這一大，也成為俄羅斯的宇航日。太空人加加林的一小步，是俄羅斯航太事業的一大步。

8

剛剛結束就職演講的普丁

在俄羅斯的大街小巷，有這樣一首歌曲不停地被翻唱：「要像普丁那樣精力充沛，要像普丁那樣不嗜煙酒，要像普丁那樣不說髒話，要像普丁那樣毫不退縮。」總而言之，普丁是俄羅斯姑娘們心中的白馬王子，也是所有俄羅斯人的希望。2018年3月18日，俄羅斯總統選舉落幕，普丁的得票率達到了76.1%，所得選票已遠遠過半數，第4次當選俄羅斯總統，其總統任期長達20年。

俄羅斯歷史大事件時間表

西元9世紀
留里克王朝建立。

1242年
蒙古軍占領羅斯公國，建立金帳汗國。

1480年
伊凡三世以強大的軍事力量擺脫了蒙古的統治，統一了俄羅斯。

1613年
羅曼諾夫王朝建立。

1773年
普加喬夫發動起義。

1812年
衛國戰爭爆發。

1825年
十二月黨人發動起義。

1837年
詩人普希金離世。

1853年
克里米亞戰爭爆發。

1869年
門得列夫發現了元素週期律。

1917年
十月革命爆發。

1922年
俄羅斯、烏克蘭、白俄羅斯和外高加索聯邦共同組成了蘇聯。

1924年

無產階級革命家
列寧去世。

1928年

高爾基完成了自傳體三部曲：《童年》、《在人間》和《我的大學》。

1932年

第一個「五年計劃」完成，蘇聯從農業國變成工業國。

1943年

蘇聯取得史達林格勒戰役勝利，成為第二次世界大戰的轉捩點。

1955年

蘇聯和東歐七國成立華沙條約組織，美蘇兩極格局形成。

1957年

世界上第一顆人造地球衛星闖入了太空，它的身上鐫刻著「蘇聯」字樣。

1961年

蘇聯太空人加加林乘東方號飛船，第一次實現了人類進入太空的夢想。

1979年

蘇聯入侵阿富汗。

1985年

戈巴契夫改革失敗，蘇聯社會經濟陷入全面危機。

1991年

蘇聯解體，葉爾辛在全民大選中當選為俄羅斯聯邦首任總統。

2004年

貝斯蘭人質事件爆發。

2012年

普丁在紅場就職典禮上宣誓就職，正式開始了他的第三屆總統任期。

目錄

Contents

第一章

追尋文明的足跡／1

第二章

改革擴張中的帝國大廈／41

第三章

劃時代的革命／145

第四章

戰爭風雲／201

第五章

戰後大國／249

第一章

追逐文明的足跡

西元9世紀，東方輝煌的大唐王朝陷入衰亡，阿拉伯人強盛一時的阿拔斯王朝也已分崩離析，歐洲還處在中世紀的黑暗之中——拜占庭帝國艱難維繫，法蘭克王國已四分五裂，這時候，在廣闊的東歐平原上，俄羅斯古代的歷史剛剛開始。

留里克王朝的建立，基輔羅斯的強盛，金帳汗國的統治，莫斯科公國的崛起，這些事件構成了800多年間俄羅斯歷史發展的線索。留里克、奧列格、伊凡大帝、伊凡雷帝，這些名字深深地印在俄羅斯的歷史記憶中。

關鍵詞：留里克王朝／民族融合

基輔羅斯的建立

▪ 西元9世紀～西元10世紀

在俄羅斯古代歷史中，除了有240年的時間是被蒙古人統治外，它一共被兩個王朝統治過，一個是羅曼諾夫王朝，另一個是最早稱為羅斯的留里克王朝，基輔羅斯就是留里克王朝的大公國的國名。基輔羅斯是歐洲較大的公國，並與很多東西方國家建立了良好的關係。

民族的融合

根據羅馬作家塔西佗的記載，最早在東歐大平原上繁衍生息的是維涅季人，幾千年來，他們在這塊伊甸園裡過著平靜且幸福的日子。但是，就如單純的夏娃被毒蛇誘騙偷吃了那個蘋果一樣，平靜且幸福的生活就在「那一刻」毀了。大批憨厚老實的維涅季人被精明強幹的哥特人抓去賣到了羅馬當奴隸，就是從那時起，這個世界上少了一個叫維涅季的民族，多了一個被稱為「斯拉夫」的民族。

也是從西元1世紀起，這個民族的命運開始慢慢發生了改變，逐漸形成東西兩大支，即東斯拉夫人和西斯拉夫人。在歐洲民族大遷徙期間，斯拉夫人大批南移，進入了多瑙河流域和巴爾幹半島，並同化了當地居民。

至六七世紀，這些人就形成了南方斯拉夫人。這樣，斯拉夫民族便分為包括俄羅斯人、烏克蘭人、白俄羅斯人的東斯拉夫人，包括波蘭人、捷克人、斯洛伐克人等的西斯拉夫人，以及包括塞爾維亞人、克羅埃西亞人、斯洛維尼亞人、黑山人和保加利亞人的南斯拉夫人三大支。後來，由於馬扎爾人向西進入匈牙利平原，他們好似一個楔子一樣把南斯拉夫人和北部的東斯拉夫人、西斯拉夫人分隔開來，從此，「三兄弟」有了不同的發展道路。

正是由於馬扎爾人的插入，使得東斯拉夫人不得不進行第二次比較大的遷徙，他們像飛鳥般從喀爾巴阡山脈的各個斜坡進入了廣闊的俄羅斯平原，並在那裡安定下來，按照社會的發展規律逐漸形成了私有制。

在八九世紀之交，東斯拉夫人的部落漸漸合併，形成了兩大部落聯盟中心，即北方的諾夫哥羅德和南方的基輔。

留里克兄弟建國

9世紀中葉，東歐平原上的諾夫哥羅德部落元老內訌不已，導致諾夫哥羅德人部落長期混亂不堪、爭鬥不息。這樣的局面，靠部落本身的力量已經無法平息了。因此，彼此不和的斯拉夫諸派別，只好邀請瓦良格人來幫助自己平息內亂，讓來自斯堪的納維亞的北歐海盜首領留里克為其主持秩序。就這樣，瓦良格人名正言順地進入了東斯拉夫人的領地。

862年，留里克及親屬和武士隊從瑞典來到此地，平定了東斯拉夫各部落之間的爭鬥後，就成為諾夫哥羅德的第一任王公。瓦良格人進駐東歐，這一活動對正在形成中的東斯拉夫國家產生了重大影響，留里克王朝即始於此。

留里克王朝初期，王公向各部落徵收賦稅，實行專制制度及巡行索貢制。每年初冬時節，王公們率領親兵隊四處巡行，向居民們徵收糧食、毛皮、蜂蜜、蜂蠟等物品，次年春天再運往君士坦丁堡出售，換取紡織品、

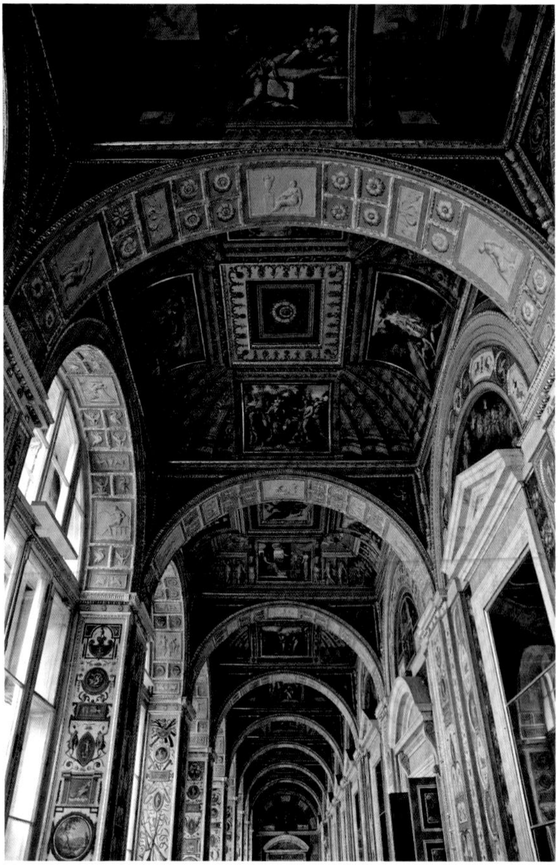

^ 國立艾米塔吉博物館內景

位於俄羅斯聖彼得堡的國立艾米塔吉博物館是世界四大博物館之一，該館於1764年在俄國女皇葉卡捷琳娜二世宮廷收藏品的基礎上建立，1852年起對外開放。

酒、水果等物品。俄國歷史上的留里克王朝就這樣建立並發展起來。

此後，留里克王朝的繼承人採取一系列措施以加強留里克王朝的統治。即使是在12世紀，由於封建土地所有制的發展，各地大貴族勢力增強，割據一方，竭力擺脫基輔大公的控制，等到12世紀中葉，基輔羅斯分裂為10多個公國，留里克王朝也分裂為許多支系，形成每個公國都由一個支系統治的局面。留里克王朝的統治一直持續了700餘年。

基輔的第一位大公奧列格

奧列格是諾夫哥羅德的第二位王公，同時又是基輔的第一位大公。奧列格與他的前任留里克並沒有直接的血緣關係，但他確實是一位非凡的人物。他用超人的軍事才華和輝煌的戰績證明了自己的能力與價值，將留里克王國的統治深深地紮根在了歐洲的土地上。

留里克死後，因其子伊戈爾年齡太小，所以他的同族兄弟奧列格成為諾夫哥羅德王公的繼承者。但一個新政權的建立，總是需要掌權者用一定的政績來穩定、鞏固，所以，聰明的奧列格首先利用瓦良格人親兵和臨近的斯拉夫部落的武力對諾夫哥羅德附近的部落、城鎮進行征討，征服了包括斯摩倫斯克在內的諸多城鎮，逐漸控制了聶伯河沿岸的城市。繼而在擁有了一定威信的基礎上，將東斯拉夫人的另一個部落——南方的基輔部落聯盟徹底征服。當時的基輔是連接俄羅斯北部和拜占庭帝國的樞紐，留里克的接班人——英明的奧列格於882年親率部隊沿水路南下，憑藉自己過人的軍事才能和鬥爭意志，克服重重困難，終於占領了基輔，並將統治中心由諾夫哥羅德遷至基輔，建立了基輔羅斯大公國。在他的努力下，羅斯大公國初見雛形，奧列格也在俄羅斯歷史上深深地記下了自己的第一筆功績。

在此之後，奧列格為了使基輔羅斯的根基更加鞏固，又馬不停蹄地征服了周圍各部落，包括波利安人、伊爾門湖地區的斯拉夫人、拉季米奇人和克里維奇人等，透過一系列的征伐，奧列格出色地完成了國家政權的確立和鞏固，成為俄羅斯建國歷史上著名的大公。另外，奧列格完全征服了東斯拉夫的土地和人民後，並沒有改變東斯拉夫人原有的生產和生活方式，反而是自己漸漸被同化，在血統上與東斯拉夫人相融合，並接受其語言、文化和生活習慣，成為斯拉夫化的本地王朝，進而促進其統治在此後漫長的時間裡漸漸鞏固。從11世紀起，基輔的統治者便不再用「留里克」或「奧列格」這類北歐人的名字，而代之以斯拉夫語的姓名，如弗拉迪米爾、雅羅斯拉夫等，這表明新的俄羅斯民族已開始形成。

瓦良格人具有天賦的經商頭腦及海盜生活的不安分因子，這使他們在身處安定之時也想著戰爭。為方便將來在軍事上的進攻，瓦良格人在商路的沿途要地都安紮了有戰壕的軍營，修築了有防禦工事的驛站。如著名的保加爾驛站就位於窩瓦河和卡瑪河的匯合處，控制了通往拉多加湖和斯摩倫斯克的道路。

基輔羅斯建立後，為了擴張領土並控制從諾夫哥羅德沿聶伯河到黑海的商路，奧列格不斷地進行對外戰爭，陸續征服了窩瓦河流域、北高加索、烏拉爾等地的遊牧民族，統治了東歐的廣大地域。

與此同時，瓦良格人把拜占庭的首都君士坦丁堡稱為「偉大的城市」，因為君士坦丁堡是羅斯通往南方出海口的必經之路，為了獲得這條貿易之路，奧列格又揮起自己的武器兩次進攻拜占庭。根據俄羅斯史書和拜占庭文獻記載，907年，奧列格率領2000艘船、8萬將士，向君士坦丁堡進攻。但由於氣候、地形等原因，這次進攻沒有全勝而歸。911年，奧列格率領由許多斯拉夫部落組成的軍隊再次順聶伯河而下，直達拜占庭帝

國。上岸後，他們焚燒教堂，殺死和俘虜大批希臘人，然後將戰船安上車輪乘風揚帆經過平原直抵緊閉城門的君士坦丁堡。希臘人大驚失色，以為有神兵天將相助，遂同意納貢，奧列格大勝而歸。這場戰爭讓基輔羅斯獲得了巨大的經濟利益，不僅拿到了拜占庭帝國支付的4.8萬格里夫納贖金，還簽訂了羅斯商人獲得免繳貿易稅的權利的貿易條約，為這次遠征畫上了完美的句號。這次軍事活動，也是奧列格生前的最後一次大戰役，使羅斯與當時世界上

v 日落時分的克里姆林宮

克里姆林宮位於俄羅斯首都莫斯科的中心，它有高大堅固的圍牆和鐘樓、金頂的教堂、古老的樓閣和宮殿，聳立在莫斯科河畔的博羅維茨基山崗之上，構成了一組瑰麗、雄偉的藝術建築群。

最發達的文明之一——拜占庭文明建立了聯繫，這種聯繫推動了古羅斯的社會發展，並在以後對俄羅斯的政治和文化都產生了深刻的影響。

912年，羅斯歷史上偉大的英雄領袖奧列格去世了，他把基輔大公的位置還給了留里克之子伊戈爾。伊戈爾娶普斯科夫的諾曼公主奧爾加為妻，此後，留里克王朝延續了700餘年的統治。945年伊戈爾被殺後，由他的妻子攝政輔佐兒子直到964年。奧列格是俄羅斯的偉大開拓者，正是他的征戰與努力，為以後俄羅斯的成長開闢了道路，並為他以後的羅斯大公們確立了前進的方向。

奧列格的統治不僅使留里克王朝的領土得到了進一步的擴張，還確立了俄羅斯歷史上聲名顯赫的基輔羅斯政權。從10世紀建立公國到如今的21世紀，正是由於留里克兄弟與奧列格的開疆拓土，使俄羅斯開始了1200餘年的強國歷史。在古羅斯的經濟貿易方面，奧列格也做出了卓越的貢獻。在他統治期間，基輔不僅成為聶伯河流域的羅斯各部落聯盟的中心，還成了歐洲的重要城市之一，在商業、文化、藝術等方面都領先於羅斯的其他城市。

歷史斷面

羅斯名字的來源

瓦良格人的首領留里克原是查理曼帝國的一個諸侯，在丹麥有封地。862年，他親率軍隊占領諾夫哥羅德，自稱王公，建立留里克王朝。在此期間，最先與瓦良格人接觸的俄羅斯土著民族是東斯拉夫人，他們把瓦良格人這支新來的外來民族稱為「羅斯」，意思是「精於航海的人」。瓦良格人進入俄羅斯之後，漸漸地和斯拉夫人融為一體，於是東斯拉夫人也逐漸接受了「羅斯」的稱號，又由於中國明清之際音譯的緣故，就出現了「俄羅斯」這一稱呼。

VISIBLE HISTORY OF THE WORLD

關鍵詞：斯維亞托斯拉夫／奧爾加

戰爭狂人——斯維亞托斯拉夫

■ 962年～972年

斯維亞托斯拉夫，是羅斯早期最愛征戰與擴張的領袖之一，是留里克王朝的創始人留里克之孫、伊戈爾之子。他的一生可以說是戎馬倥傯，幾乎沒有安分地在皇宮中待過，他好戰爭勝的性格源於他早期的記憶。

幼年的記憶

在斯維亞托斯拉夫年幼的時候，他的父親伊戈爾就是東斯拉夫，甚至是整個東歐大平原上赫赫有名的大公。伊戈爾暴虐成性且貪心不足，在又一次無理地向百姓徵收蜂蠟、皮毛的時候終於引起了眾怒，被憤怒的人群活活打死。當面目全非的伊戈爾被抬回行宮時，幼小的斯維亞托斯拉夫被震驚了，他甚至不相信早上還在和自己玩耍的父親就是現在躺在他面前的血肉模糊的屍體。就在他還沒有從喪父之痛中走出來時，他又不得不面對自己也會被殺死的危險，因為被憤怒激發的群眾已經無法控制地聚集起來準備發動暴動，這引起了貴族們的一陣大亂，而令人更頭痛的是，皇族中最常見的權勢之爭也開始了，當時的小斯維亞托斯拉夫毫無懸念地成了眾矢之的。幸虧他的母親奧爾加是一個聰明、堅強的女人，她鎮定地聯合自

^ 庫斯科沃莊園天頂壁畫

始建於1737年的俄羅斯庫斯科沃莊園，有著「小凡爾賽宮」之稱，這裡集中了約3000多件俄羅斯和外國的藝術品，是一座代表了俄羅斯18世紀藝術文化的園林建築。

己的親信大臣，擊潰了一個個覬覦王位的貴族，立幼子斯維亞托斯拉夫為繼承人，自己做攝政女王。之後，他們做的第一件事便是派出大批軍隊去剿滅「刁民」。大公的軍隊在途中遭遇了德列夫利安人的隊伍。經過一場殘酷的廝殺，德列夫利安人一批一批地倒下了，鮮血染紅了腳下的大地。

這件事給年幼的斯維亞托斯拉夫以極大的刺激，他親政後，更加崇尚武功。他身穿普通白衣，剃光頭，只留一撮額髮，左耳戴一隻耳環，腰挎一柄彎刀，出征時不帶輜重，以烤馬肉為食，露天枕馬鞍而眠。行軍時，步履輕捷；打仗時，身先士卒，視死如歸，深受士兵的愛戴。他一生經歷了三場大戰，奠定了他基輔羅斯戰爭狂人的地位，這三場戰爭分別是保加爾之戰、北高加索之戰和保加利亞之戰。

四處征伐

從962年起，羅斯人就開始以奪取歐亞商路北道的控制權為目的，與東南方的可薩汗國不停地發生摩擦與爭鬥，但是一直沒有結果。965年，戰爭狂人斯維亞托斯拉夫一世親政，他運用天生的軍事頭腦和鬥爭慾望，以迅雷不及掩耳之勢攻占了位於頓河下游的可薩汗國的首都薩克爾城，並將之改名為比拉維扎（Belaya Vezha），開始了他征伐的一生。

保加爾人居住在基輔羅斯國東邊的窩瓦河流域，身體裡也流淌著東斯拉夫人的血液，天生的貿易細胞和海盜因子使他們不安於現狀，再加上處於窩瓦河的優越的地理位置，這些有利條件無疑都成為斯維亞托斯拉夫垂涎他們的理由。966年，剛剛結束了可薩汗國戰爭的斯維亞托斯拉夫，又縱兵劫掠了保加爾城，迫使保加爾人臣服。967年，斯維亞托斯拉夫馬不停蹄地揮師西進，進軍多瑙河地區，迅速占領了多瑙河下游、保加利亞大部分的土地，並把司令部設在別列雅斯拉維茨，以控制多瑙河三角洲。當時的斯維亞托斯拉夫統治著一個領土廣袤的帝國，東起窩瓦河口，南包克里米亞，直至多瑙河口。然而，由於兵力過於分散，這些勝利都轉瞬即逝。不久，他就不得不忙於對付東邊勢如燎原的叛亂，以及西邊拜占庭帝國的挑戰。

971年，他占領了保加利亞的首都普列斯拉夫，但勝利似乎沖昏了他的頭腦。同年，斯維亞托斯拉夫在軍事上遭遇了他一生中最大的重創。由於他不停地擴張與劫掠，拜占庭帝國眼睜睜地看著自己面前成堆的食物與金錢漸漸地被這個曾經的奴隸民族搶掠，「斯維亞托斯拉夫的行為已經危害了我拜占庭帝國的利益，他要為他的行為付出代價！」

拜占庭皇帝的一聲怒吼揭開了基輔羅斯與拜占庭帝國間的戰爭，明顯的軍事力量差距導致了斯維亞托斯拉夫的失敗，並且被迫放棄了對保加利亞和克里米亞的主權要求。972年，當斯維亞托斯拉夫領兵從多瑙河流域撤退時，他的軍隊在聶伯河急流險灘附近遭到佩切涅格人的伏擊，隨即展開血戰。在這場戰爭中，斯維亞托斯拉夫被殺，在他失去意識的前一秒鐘，他想起了曾經躺在自己面前的父親的屍體，那時他還很年幼，然後他動了動嘴角。

斯維亞托斯拉夫征伐的一生為留里克王朝政權的確立及鞏固立下了汗馬功勞。在領土面積上，儘管斯維亞托斯拉夫新帝國的絕大部分土地均已喪失，但在972年，羅斯所保有的領土面積仍遠人於60年前奧列格遺留下來的領土面積，其中，有相當大的一部分是斯維亞托斯拉夫在得而復失之後所淨得的土地。由於他滅掉了強大的可薩汗國，使羅斯的東南邊疆門戶洞開，這樣一來，雖然容易受到東邊草原遊牧民族越來越嚴重的入侵，但也在無形之中增加了東斯拉夫人的貿易領地，這一點在他鼎盛時期的保加爾之戰後得到了充分證實。保加爾之戰的勝利使古羅斯打開了通往東方的大門，為後來俄羅斯經濟的繁榮和文化的發展起到了不可估量的作用。

> 彼得大帝夏宮

又稱「俄羅斯夏宮」，位於芬蘭灣南岸的森林中。1704年，沙皇彼得大帝下令興建夏宮，18世紀中期，為紀念俄國在北方戰爭中的勝利，在宮殿的前面建造了一個由64個噴泉和250餘尊金銅像組成的梯級大瀑布。

VISIBLE HISTORY OF THE WORLD

關鍵詞：弗拉迪米爾／基督教

羅斯受洗

- 980年～996年

斯維亞托斯拉夫死後，整個羅斯陷入了爭奪繼承權的混亂狀態之中。980年，他的一個兒子弗拉迪米爾擊敗了另一個兒子亞羅波爾克一世，登上了大公寶座，成為羅斯歷史上又一位政治強人。他為羅斯帶來的是精神上的信仰，他將基督教引入羅斯，在歷史上也被稱為「羅斯受洗」。

多神崇拜

古老的羅斯人最初並沒有統一的信仰，他們是多神崇拜。那時的羅斯人在遮天蔽日的森林裡、漫無邊際的草原上，過著逐水草而居的遊牧生活。能否用簡單的工具僥倖獵獲野獸或魚，能否風調雨順有個好收成，這一切都取決於大自然是否恩賜。同時，強烈的地震、氾濫的洪水以及凶猛野獸的襲擊也常有發生。飢餓、寒冷、疾病、死亡時時威脅著無奈又無助的羅斯人。

在同大自然的搏鬥中，他們希望能有超自然的神來保護他們，進而產生了望而畏之、畏而敬之的自然崇拜。他們相信森林有林神，林神是狩獵者的保護神；他們相信河流有河神，河神能夠保佑捕魚者的平安；他們相信草原中有善神和惡神，惡神千方百計地「尋釁」和「作惡」，善神卻施以「法力」將其「捕獲」，並給予「教訓」。在各種神靈之上，有主神在主宰著自然界。最為著名的主神有雷神「佩龍」、太陽神「戴伯格」與「赫爾斯」、風神「斯特利伯格」、繁殖神「斯瑪格爾」、土地神「莫柯施」等。

弗拉迪米爾大公作為這個國度的領導者，多神崇拜的信仰也是他信仰的明顯特徵，他妻妾成群，就鮮明地證明了這一點，因為多神教允許多妻制。但他又是一個領導者，他不僅要考慮讓這個國家的人民有精神信仰，還要考慮把羅斯變成一個更加繁榮昌盛的國家。他深知宗教的作用，決定利用宗教把各個部落統一起來。起初，他推行過多神教改革，取締許多地方神，僅保留其中的8個神，並立斯拉夫神話中的雷神「佩龍」為主神，要求所有的人都崇拜他。然而，這些改革並未取得成效。

於是，弗拉迪米爾開始為他的民族尋找統一的精神信仰。另外，在軍事方面，弗拉迪米爾不得不提防力量依然強大的拜占庭帝國。987年，拜占庭帝國內部發生暴動，皇帝巴西爾二世請弗拉迪米爾幫助鎮壓動亂。弗拉迪米爾認為這是一個千載難逢的好機會，可以趁機解決兩國的邊境問題，於是要求娶巴西爾二世的妹妹安娜為妻，而拜占庭帝國則要求基輔羅斯接受基督教。弗拉迪米爾派人考察了基督教的教堂及教義，決定接受這個條件。兩國最後達成協議，安娜嫁給弗拉迪米爾，基輔和諾夫哥羅德的人民都皈依基督教，由拜占庭控制基輔羅斯的教會，任命希臘人為主教，作為拜占庭牧首和皇帝的代表。拜占庭與基輔羅斯的王權高於教權，這種政教關係抑制了羅馬教會對東斯拉夫人的影響，確立了俄國教會未來的發展道路。

第一位基督教君主

戰爭結束後，弗拉迪米爾認真履行了自己的諾言，他不但自己信奉基督教，還宣布基督教為國教。他把基輔的居民都聚集在聶伯河河岸，集體

^早期拜占庭藝術中表現基督教禮拜儀式的壁畫作品

接受東正教大主教的洗禮，史稱「羅斯受洗」。之後，弗拉迪米爾於996年在基輔建立羅斯最早的教堂——什一教堂，該教堂富麗堂皇，現已成為俄羅斯宗教史上一顆璀璨的明珠。

基督教的引進，在羅斯歷史上發揮著重要的作用。統一的宗教逐漸將各地的多神崇拜摒棄，促進了統一的古羅斯民族和國家的形成，同時，也極大地促進了斯拉夫文化教育的發展。在基督教傳入羅斯國家之前，羅斯人自己沒有成熟的文字，只好借用希臘文或拉丁文。基督教的傳入，使羅斯人有了自己的古斯拉夫文字，羅斯和拜占庭之間的經濟文化交流也日益活躍，這也為基輔公國的強大奠定了堅實的文化基礎。

弗拉迪米爾也因為信仰基督教，改變了自身暴躁的性格，積極發展教育，確立司法制度，並頒布了羅斯第一部法典。他幫助窮苦的人民，並在遺囑中說，不許欺壓窮苦的農民和可憐的寡婦。作為羅斯國第一位基督教君主，弗拉迪米爾後來被俄國教會封為聖人。

^ 19世紀俄羅斯青銅製品

歷史斷面

基輔羅斯選擇東正教的原因

東正教，是基督教三大教派（東正教、天主教、新教）之一，是基於正統派神學並強調自身正統性的宗徒繼承教會。基輔羅斯選擇東正教（基督教的分支）有其自身的原因。當時古羅斯與拜占庭之間有密切的政治、經濟及文化聯繫，共同的信仰有利於國家之間的交流。由於當時拜占庭的皇權被認為是神授之權，對於弗拉迪米爾大公而言，信仰東正教對治國有利，因為東正教肯定「皇權天授」，使人民信仰東正教有利於弗拉迪米爾政權的統一與鞏固。東正教允許信民用本民族的語言祈禱，也可以幫助羅斯發展自己的語言文字及文化。

VISIBLE HISTORY OF THE WORLD

關鍵詞：羅斯／弗拉迪米爾公國／成吉思汗

金帳汗國

■ 1220年～1502年

中世紀時期，俄羅斯的發展進入了其歷史上較為特別的一段時期，世界上兩個強大的民族在廣袤的俄羅斯平原上相遇了。由一代天驕成吉思汗領導的蒙古人與強悍的斯拉夫人經過了多次摩擦、征戰，最後以蒙古人的勝利而告終，兩個強大的民族在這片土地上融合了。由於當時蒙古統治者的穹帳使用金頂，俄羅斯人便稱蒙古國為「金帳汗國」（後期稱欽察汗國）。金帳汗國轄境廣大，東起額爾濟斯河流域，西至多瑙河下游，南迄高加索，北抵俄羅斯北部地方，統治俄羅斯達兩個世紀之久。直到1502年，莫斯科公國等獨立，金帳汗國的統治才宣告結束。

金帳汗國進入羅斯

12世紀至13世紀，當處於封建割據時期的羅斯各公國忙於互相攻伐時，在連接羅斯的北方大草原上，崛起了一個四處征戰的民族，它就是在成吉思汗統治下的蒙古人。這些蒙古人驍勇善戰，而且來如天降、去如閃電，俄國史書把他們統稱為「蒙古－韃靼人」。

蒙古人在馬上爭得天下，他們最早並沒有與羅斯直接發生衝突。中亞花剌子模國的一個總督殺害了蒙古商隊的人員和使者，成吉思汗決定借著這個理由率軍攻打這個藐視他們的小國。1220年，蒙古大軍毫不費力地攻陷了花剌子模國的首都布哈拉，花剌子模國國王穆罕默德逃往羅斯。接著，成吉思汗派大將哲別和速不台西征。1222年，哲別和速不台越過高加索山進入了奧塞提亞人、波洛夫齊人居住的欽察草原。波洛夫齊人的首領無奈，只得向羅斯加利奇王公求援。加利奇出面聯合基輔等幾個羅斯公國，組成了羅斯－欽察聯軍，共同抵抗蒙古人。

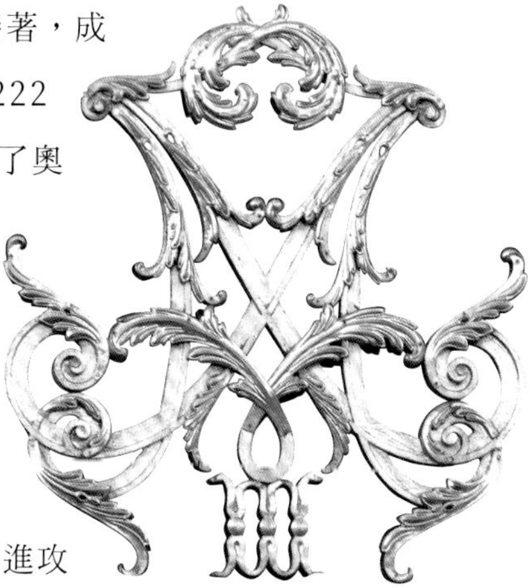

^ 聖彼得堡冬宮花園中的門飾

1225年，成吉思汗集中兵力大舉進攻西夏，暫時放棄了對羅斯的征討。直到1235年窩闊台剿滅金國後，才決定再次征討欽察、羅斯、波蘭和匈牙利等裏海以北未降服的國家。這一次征伐的統帥是拔都，出征將士約15萬人，聚集了蒙古各階層貴族的長子，因此在歷史上也被稱為「長子出征」。

這次出征，蒙古人帶著他們最精良的武器裝備，抱著必勝的信念，很快就攻入了弗拉迪米爾公國。1238年2月，一隊鐵騎到達了弗拉迪米爾城下。弗拉迪米爾王公連忙召集軍隊出城應戰，並四處聯絡援軍，但是年輕的弗拉迪米爾王公們根本不能與戰爭經驗豐富的蒙古人相比，短短5天，羅斯鼎鼎大名的弗拉迪米爾城就被攻破了，王公的家屬和城中顯貴們紛紛避入教堂，但都被大火燒死了。1240年，拔都匯集各路蒙古軍圍攻基輔。蒙古軍們晝夜不息地猛烈攻城，守將德米特里率領軍民頑固堅守，但終因寡不敵眾而失敗。

在占領基輔後，蒙古軍繼續西進，占領了加利奇・沃倫公國，隨後又兵分兩路，侵入波蘭、捷克、匈牙利和多瑙河各公國。1242年，蒙古軍進入克羅埃西亞和達爾馬提亞，抵達亞得里亞海沿岸，最遠曾到維也納以南的克洛斯特新堡。後轉向東南，經索菲亞城至黑海北岸返回窩瓦河下游，定都薩萊，建立了金帳汗國。

金帳汗國的統治

金帳汗國在統治期間，對羅斯各公國實行了一種嚴格的封臣關係。金帳汗國規定羅斯王公們有義務到拔都金帳，在可汗面前磕頭，而且羅斯大公的分封必須得到可汗的同意，這在一定程度上控制了羅斯的政治命脈。另外，金帳汗國為了加強對羅斯的控制，還建立了八思哈，即「鎮守官」制度，具體是由蒙古軍官擔任十戶長、百戶長、千戶長、萬戶長，負責徵收貢賦和監督當地居民，同時進行人口登記，以確定納貢數量。在國民義務方面，金帳汗國規定，羅斯人除了貢賦外，還要為汗國提供車輛、飼料，服驛役及兵役等，只有僧侶可以免納貢賦、不服勞役。

在宗教信仰方面，金帳汗國容許羅斯居民自由信奉伊斯蘭教和基督教，金帳汗國不干預其事務，並給大主教以特權，使教會成為統治的工具。在眾多的金帳汗國統治者中，其中甚至有一個金帳汗——別兒哥成了第一個皈依伊斯蘭教的金帳汗。

別兒哥在信奉伊斯蘭教後，大力發展城市建設，使跟隨他的蒙古人過上了定居生活。在他之後的列位金帳汗，基本上也都堅持了他的內外政策，使他們對羅斯的統治得以維持。尤其是在月即別統治時期，羅斯各公國「人丁興旺，商旅不絕」，到處都呈現出繁榮昌盛的景象。

^ 俄羅斯17世紀時期的商人家庭

16世紀和17世紀的時候，俄羅斯與北高加索諸民族的貿易關係有了很大發展，密切的貿易聯繫也促進了雙方的文化交流。

金帳汗國的滅亡

進入14世紀中後期，金帳汗國在羅斯的統治也開始走下坡路。1357年，月即別之子札尼別被殺，金帳汗國一時戰亂迭起。對繼承權的慾望和對利益分配不均的憤懣使得蒙古貴族之間經常發生爭鬥，戶長們也各自為政，這極大地削弱了金帳汗國在羅斯的統治。1371年以後，羅斯各公國停止繳納貢賦。1380年，馬麥征討羅斯戰敗。同年，白帳汗脫脫迷失擊敗馬麥，成為金帳汗，從此汗位轉入了白帳汗家族。1382年，拔都的後代斡耳朵攻占了莫斯科，強迫羅斯諸公國重新納貢。但是月即別的兒子脫脫迷失強大起來以後，與控制中亞的帖木兒發生

^ 沃爾斯克拉河戰役局部圖

金帳汗國內戰之後，帖木兒支持的也迪古將軍成為大汗。1399年8月，立陶宛大公維陶塔斯率領一支由立陶宛人、波蘭人、蒙古人和條頓騎士組成的聯軍入侵金帳汗國，帖木兒和也迪古組成聯軍迎戰，兩軍在聶伯河支流沃爾斯克拉河畔相遇，並展開戰鬥。

了衝突，雙方在1389年到1395年間進行了三次大戰。雖然最後帖木兒攻入窩瓦河流域和克里米亞諸地，擊敗了脫脫迷失，但是這次的征戰使金帳汗國的經濟遭到極大的破壞。

從15世紀20年代起，金帳汗國陸續分裂出西伯利亞汗國、喀山汗國、克里米亞汗國、阿斯特拉罕汗國等突厥化的蒙古政權。1480年，金帳汗阿合馬再次進攻羅斯，但在莫斯科大公伊凡三世的優勢兵力前退卻。1502年，金帳汗國滅亡。

金帳汗國對羅斯的統治，對俄羅斯的發展起到了重要作用。由於金帳汗國的統治，使得俄羅斯出現了各民族大融合的局面，同時也對其民族生活習慣、民族性格產生了影響。當時極為普遍的異族通婚，使俄蒙血統混合，給俄羅斯文化打上了深深的蒙古文化烙印。

VISIBLE HISTORY OF THE WORLD

關鍵詞：伊凡三世／莫斯科

莫斯科公國的興起

▪ 1328年～1480年

「莫斯科」這一稱謂源自芬蘭語，意為「潮濕的地方」。在俄羅斯編年史中關於莫斯科的記載最早出現於1147年。當時，王公「長手」尤里邀請另一位羅斯王公來莫斯科會面。尤里在莫斯科設宴，還同盟友交換了禮物。這一年被認為是莫斯科城的創立年。後來，莫斯科逐漸以其重要的地理位置及特定歷史階段中的特定經營政策而繁榮起來，最終成為俄羅斯的另一個經濟中心。

莫斯科的崛起

15世紀後期，經過蒙古－韃靼人200餘年的統治與掠奪，羅斯中心的生產建設幾乎都荒廢了，而羅斯也分裂出許多獨立的公國。這些公國的大公們自相爭鬥，混戰不已。無法生存的農民，也採取各種方式，不斷地進行鬥爭。整個羅斯滿目瘡痍，籠罩在一片陰暗之中。

起初，莫斯科是位於蘇茲達爾－弗拉迪米爾公國最南端的一個防守點，憑藉其深處大陸的有利位置，40年來蒙古人從未騷擾過。莫斯科還是重要的交通要塞，莫斯科大公伊凡・卡里達（伊凡一世・丹尼洛維奇）還獲得了替蒙古－韃靼大汗在莫斯科和羅斯其他公國徵收貢賦的權力，他擁有軍隊並同金帳汗國保持著良好的關係。伊凡徵得的錢財並未全部交給金帳汗國，而是將其中的一部分留在了莫斯科，用於購買周圍的城鎮、村莊及土地。到了14世紀初，這塊不大的地方就有了幾千戶人家和幾萬居民。

在俄羅斯歷史上，莫斯科公國的崛起始於14世紀的伊凡・卡里達大公，他因搜刮錢財而非常富有，然後他運用積累的財富賄賂蒙古－韃靼大汗以及他的妻妾和近臣，1328年，他被封為「弗拉迪米爾大公」和「羅斯諸王公之首」，並獲得代蒙古－韃靼人徵收全羅斯貢賦的權力。借助從蒙古－韃靼人那裡獲得的名頭和權力，伊凡凌駕於其他王公之上。他一方面更加肆無忌憚地搜刮民膏，透過賄賂收買或武力強占等手段擴張領土，另一方面又透過賄賂取得羅斯都主教的支持，建立起大公政權與教會的聯盟，把都主教駐地從弗拉迪米爾遷至莫斯科，提高了莫斯科公國的宗教和政治地位。

伊凡・卡里達死後，他的子孫們繼續執行他的發展原則。1340年冬，他的兒子謝苗（謝苗・伊萬諾維奇）在莫斯科召開了大公會議，並在會上取得了莫斯科大公、東北羅斯的統治者的「驕王」名號。謝苗要求各地大公將他當作兄長和父親，王公們也向謝苗提出要求：如果沒有他們參加，不要和任何人做出決定，謝苗也答應了。這次會議表明：莫斯科作為羅斯新的經濟中心的地位已經初步確立了。

獨立之路

1359年，德米特里・伊凡諾維奇開始執政，莫斯科公國的實力進一步增強。他加強莫斯科防衛，實行統一全俄的政策，力圖征服其他公國。1368年～1375年，德米特里・伊凡諾維奇與鄰近的特維爾、梁贊、下諾夫哥羅德、立陶宛等公國進行了長期戰爭，迫使特維爾以放棄獨立的外交政策為條件，與莫斯科結盟。另一方面，德米特里・伊凡諾維奇開始向非俄羅斯人的地區，如維切格達河一帶擴張勢力。隨著莫斯科公國日益強盛，

羅斯百姓迫切要求擺脫蒙古－韃靼的統治而獨立。

再強大的統治者也抵抗不了全體人民的反抗，何況羅斯這些年一直沒有忘記與金帳汗國的鬥爭，兩個民族積聚數年的恩怨終於在1378年爆發了。1378年，金帳汗馬麥為迫使羅斯人屈服，派兵進攻莫斯科。當時的莫斯科大公德米特里決意迎戰，雙

^ 矗立在莫斯科紅場上的俄羅斯國家歷史博物館

^伊凡三世把可汗的信撕成碎片。

方大戰於沃扎河上，出乎意料的是，蒙古軍遭到慘敗。沃扎河之戰證明了蒙古人是可以打敗的，這極大地鼓舞了羅斯人的鬥志，同時，這次慘敗也激怒了馬麥汗。各懷心思的雙方目的卻是相同的，所以短短幾個月後，雙方在頓河流域的庫里科沃原野又進行了決戰，史稱「庫里科沃會戰」。在這次戰鬥中，德米特里・伊凡諾維奇身先士卒，英勇殺敵，身上多處受傷，頭盔都被擊凹。他的大無畏精神激勵了將士們奮不顧身地戰鬥，最終羅斯人贏得了戰爭的勝利，金帳汗國的軍隊大敗而退。

抗擊蒙古－韃靼的庫里科沃會戰勝利後，莫斯科公國的威望和信心更高了。1476年，時任莫斯科大公的伊凡三世決定停止向金帳汗國繳納貢賦。金帳汗阿合馬為勒索貢賦，率大軍征討莫斯科。伊凡三世親臨前線，軍隊士氣大振。1480年，莫斯科軍隊與蒙古軍隊在烏拉河兩岸對峙了7個月，一直僵持到冰凍時節。蒙古人因援軍未至、天寒缺糧，被迫撤退。不久，金帳汗國發生內訌，阿合馬被殺於頓河，莫斯科大公國獲得了一個意外的勝利。至此，羅斯徹底擺脫了蒙古－韃靼的統治。

羅斯的統一

在脫離了蒙古的統治後，伊凡三世以強大的軍事力量迅速統一了羅斯，他集大權於一身，稱為「全羅斯君主」，並有了「沙皇」的稱謂。他還仿照拜占庭帝國的國徽，以雙頭鷹作為國徽，並自封為「真正的東正教」世界的領袖。與此同時，伊凡三世還頒布了統一的法律文獻《伊凡三世法典》，也稱為《1497年法典》，用以鞏固實行中央集權統治的國家權力。這部法典以《羅斯法典》、《普斯科夫訴訟公文》、《法定文書》、《大公法令》等法律法規為基礎，制定、統一了紛亂龐雜的司法體制。接著，伊凡三世又建立起強有力的中央政府機構，領主「杜馬」成為重要的決策機關，有關治理國家的一切重大問題均由王公和杜馬商討決定。此外，伊凡三世還確立了貴族世襲的「官階制」。地方行政由總督管理。

v 俄羅斯19世紀時期的圓形大理石檯面

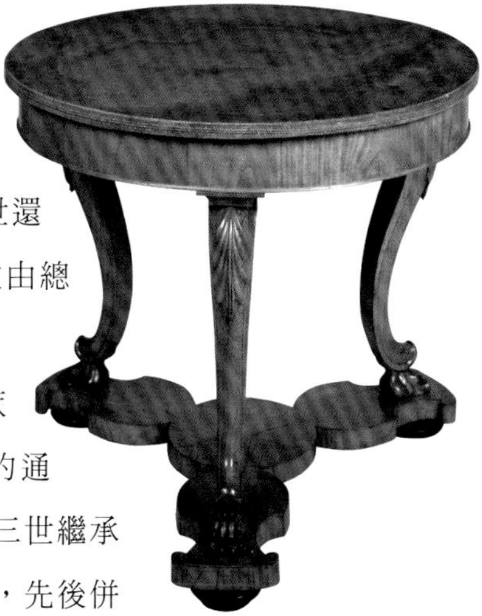

羅斯的獨立與統一，促進了羅斯民族的成長和壯大，俄語也開始成為全民族的通用語言。伊凡三世死後，他的兒子瓦西里三世繼承了王位，最後的兩個公國普斯科夫和梁贊，先後併入莫斯科公國，被立陶宛占領的斯摩倫斯克也被收復。這樣，以莫斯科為中心的統一的羅斯國家終於形成了。

VISIBLE HISTORY OF THE WORLD

關鍵詞：瓦西里三世／伊凡四世

伊凡雷帝

■ 1514年～1558年

伊凡·瓦西里耶維奇是俄羅斯歷史上一個極富傳奇色彩的人物，他是瓦西里三世與葉連娜·格林斯卡亞之子，三歲即位，又稱伊凡四世。伊凡四世的一生歷經痛苦與放縱，幼年時雖處於大公之位，卻受盡大臣們的侮辱與壓制，因此養成了暴戾的性格。他雷厲風行地進行改革，建立了俄羅斯歷史上第一個中央集權制國家，並且第一次被加冕為沙皇。

伊凡雷帝的成長

伊凡三世去世以後，他的兒子瓦西里三世接任了大公的職位。瓦西里三世一生軍功卓著，任內延續了伊凡三世的政策：以統一俄羅斯的大業為己任，先後兼併了普斯科夫、梁贊、諾夫哥羅德等國；1514年，他又從立陶宛手裡奪回斯摩倫斯克。

瓦西里三世一生共娶了兩個妻子。他的第一個妻子名叫所羅門尼婭·薩布洛娃，是他從1500名少女中挑選出來的。但遺憾的是，結婚20多年來，所羅門尼婭·薩布洛娃一直沒有生育，於是，瓦西里三世於1525年與她離婚。他的第二個妻子是馬麥汗的後代，名叫葉連娜·格林斯卡亞。結婚5年後，葉連娜生了伊凡，即大名鼎鼎的伊凡四世，綽號「雷帝」，指其性格暴躁、乖戾的意思。

時光如水，歲月如歌，轉眼間小伊凡就3歲了。一天，父親像往常一樣出去狩獵，還答應給他帶回來漂亮的野雞和斑鳩，但是黑夜過去了，太陽又升起來，他還是沒有等到父親歸來。後來，小伊凡才知道，這次分別其實就是他和父親的永別。瓦西里三世去世後沒幾天，按照他的遺囑，3歲的伊凡被加冕為莫斯科大公，由他的母親葉連娜和7位大臣組成攝政組，在小伊凡成年以前幫助他攝理國政。

伊凡四世的母親葉連娜是個精明能幹而又野心勃勃的女人。1534年，她廢除了攝政會議，把權力壟斷在自己手裡。她首先將瓦西里三世的弟弟尤里除掉，消除其覬覦王位的隱患。1537年，她又把瓦西里三世的另一個弟弟安德列的叛亂鎮壓下去。1538年，葉連娜猝然去世，傳說是被人毒死的。這時的伊凡只有7歲，他天資聰穎，記憶力過人，博覽群書，文筆和口才都十分出色。但是父母雙亡的情景以及貴族會議已從攝政會議奪取了政權，貴族內部又分為主張照顧領主利益的舒伊斯基集團和主張集權的別爾斯基集團，兩個貴族集團都想要控制年幼的伊凡四世，因而陰謀和暴力不斷，還經常貶低和侮辱小伊凡，這在他的性格中留下了不可磨滅的印跡，這也是伊凡長大後神經質和多疑的主要原因。他習慣於認為自己周圍全是對手，他應當為自己的權力而爭鬥。

1543年，12歲的伊凡在舅父格林斯基的輔佐下，命令放狗將權臣舒伊斯基活活咬死，並暴屍宮門示眾。經過這件事情，王公貴族開始懼怕伊凡，對他俯首聽命。1547年1月16日，16歲的伊凡在克里姆林宮舉行了隆重的加冕儀式，成為全俄羅斯的第一任皇帝，並正式採用了「沙皇」的稱呼。至此，那個幼年時曾經對無理辱罵毫無辦法的伊凡，終於成長為一個哪怕自己咳嗽一聲，都能讓俄國顫抖的人。

伊凡雷帝的統治

自1543年大貴族舒伊斯基被處死後，政權就落到了伊凡的舅舅格林斯基的手中。直到1547年伊凡加冕為沙皇時，伊凡一直沒有實權。但是機會之神將會青睞於他，他將建立世人矚目的功勳。於是，恰巧在他即位的那年6月，莫斯科發生了一場空前的大火，2萬座房屋被燒毀，1700多人被燒死。蒙受災難的市民們不堪忍受大貴族的統治，把怨憤都發洩到了格林斯基家族身上。他們把伊凡四世的舅舅格林斯基當場打死，並殺死了許多格林斯基家的人。伊凡四世趁勢把格林斯基的勢力趕出了杜馬，並拋開貴族控制的議會，組成樞密院，從而將權力集於一身，並開始考慮國家的改革。

從16世紀50年代開始，伊凡四世進行了一系列旨在加強中央集權的改革。他利用軍職分封貴族的力量，限制領主特權，具體做法是用忠於自己的人組建新一任政府並稱之為「重臣拉達」。隨後，重臣拉達指派軍事總督到所有城市和公國去，對各個領地的領主們進行控制。至於稅收和司法事務，則從分封貴族中選出專門官員負責。伊凡四世執政後，透過編纂新法典等一系列措施，對軍隊進行改革，奠定了俄國正規軍的基礎。1550年，按照沙皇伊凡四世的命令，俄國組建了常備軍，這支軍隊中的相當一部分由火槍兵組成。俄國的武裝力量最終形成。

另外，伊凡四世的對內政策還表現在反對大貴族分立主義上。為了鞏固中央集權，伊凡四世建立了特轄區制度，即由沙皇直接管轄的地區制度。沙皇身邊還配備了6000名特轄軍人和侍衛，嚴密監視特轄區所有人，並將一切消息稟報沙皇。他們統一著黑色服裝，帶著掃帚和狗到處巡遊，血腥屠殺遍布全國。這種制度嚴厲地打擊了分封貴族制度，打破了領主政體對沙皇的一切權力限制，建立了沙皇專制政體，建立了中央集權，統一了俄國。

＜油畫《伊凡雷帝向英國伊莉莎白女王一世大使展示他的寶藏》

在全面進行國內改革的同時，伊凡四世還推行了積極的對外政策，開始了俄國的對外擴張。1551年，伊凡四世發起了和喀山汗國的戰爭。儘管蒙古人頑強抵抗，俄國人還是於1552年攻下了喀山城。1556年，阿斯特拉罕汗國也被吞併，進而大諾蓋汗國和巴什基爾也相繼被吞併了，至此，北高加索的大多數民族都歸順了俄國。到1557年，西伯利亞汗國也臣服於伊凡四世並於1579年被占領。1558年，伊凡以英國船開闢北方航路為契機，開始探索通往西歐的近道，發動了立窩尼亞戰爭，試圖向波羅的海擴張。但由於鄰近國家波蘭、立陶宛、丹麥、瑞典的介入和貴族的反對而受阻，這使戰爭長期化，延續了25年。雖然沒有達到預期的目的，但向歐洲展示了俄國的國力。

伊凡四世滅掉喀山汗國是俄國歷史上的重大轉捩點，標誌著從此以後，俄國的力量強於蒙古－韃靼人的力量。而且，攻滅喀山汗國，為俄國越過烏拉山脈、吞併地域遼闊的西伯利亞掃平了道路。伊凡四世的遠見卓識，對俄羅斯歷史產生了深遠影響，他在軍事、政治方面的改革，使俄國走向了強大。

VISIBLE HISTORY OF THE WORLD

關鍵詞：鮑里斯・戈東諾夫／米哈伊爾・羅曼諾夫

羅曼諾夫王朝的建立

■ 1603年～1667年

羅曼諾夫王朝的建立者是莫斯科公國貴族——安德列・伊萬諾維奇・科比拉（Andrei Kobyla）的後裔，其姓氏得於羅曼諾夫・尤里耶夫。羅曼諾夫王朝是俄羅斯歷史上第二個也是最後一個王朝，同時，它又是俄羅斯歷史上最強盛的王朝。羅曼諾夫王朝時期，俄國由東歐一個閉塞的小國擴展為世界範圍的強國之一。

出乎意料的開始

伊凡四世去世後，兒子費奧多爾繼承了王位，但其身後無子嗣，兄弟又幼年早亡，所以費奧多爾去世後，強大的留里克王朝竟然一時沒有了合適的繼承人。於是，貴族們推舉外戚鮑里斯・戈東諾夫為沙皇，但是他的即位卻引起了大貴族的忌恨。本來就不平衡的貴族間的矛盾日益激化，互相傾軋、械鬥的情況時有發生，政治局面一片混亂。這種情況給當時的沙皇帶來了很大的壓力，為了緩解矛盾，沙皇繼續加強專制制度，這就導致階級壓迫更加殘酷，底層的民眾不堪重負，不斷揭竿而起，發動反壓迫、反封建的起義。僅在1603年至1607年四年間就爆發了赫洛波克起義和波洛特尼科夫起義。

1605年，戈東諾夫突然死亡，俄國頓時天下大亂。然而更糟糕的是，在戈東諾夫死後不久，俄國先後出現了兩個自稱是伊凡四世之子德米特里的人，他們利用人民對當局的不滿，進軍莫斯科企圖奪取政權。波蘭國王也借機支持他們並率兵進軍莫斯科。但是俄國人民組織了義勇軍抗擊波蘭的入侵，在著名將領米寧和波扎爾斯基的帶領下，終於把波蘭侵略軍趕出了莫斯科，這場以爭奪皇位為目的的動亂才終於結束。

在對抗波蘭侵略者的戰爭勝利後，推舉一位新沙皇來坐鎮俄國，成了俄國貴族們不可拖延的事情。於是，1613年1月，由俄國貴族組織的「縉紳會議」就在剛剛解放的莫斯科召開了，這次

> 羅曼諾夫王朝的第一任沙皇米哈伊爾·羅曼諾夫畫像

^ 俄羅斯畫家筆下神聖而美麗的窩瓦河畔日落景象

會議的主要目的是選舉沙皇。但由於沙皇專制制度的加強和權力的集中，任何一個派別中的人當選為沙皇就意味著巨大的利益和權力，因此，不同的貴族派別之間爭吵不休，但是基於各種原因，伊凡雷帝的親戚——16歲的米哈伊爾·羅曼諾夫能夠讓所有人感到滿意。2月7日，縉紳會議多數代表選舉通過羅曼諾夫家族的米哈伊爾·費奧多羅維奇·羅曼諾夫為沙皇，2月27日，米哈伊爾·羅曼諾夫正式即位，由此開始了羅曼諾夫王朝對俄國長達300餘年的統治。但事實上，在米哈伊爾執政時期，國家多年來一直由他的父親——牧首菲拉列特掌管。這一時期，農奴制不斷發展，國家生活逐漸穩定。

王朝的繁盛

1613年，羅曼諾夫家族首位沙皇剛剛即位就不得不面對莫斯科國家十分嚴峻的政治和經濟狀況。要消除混亂時期造成的悲劇性後果並使國家走出危機狀態，米哈伊爾不得不全面改革伊凡雷帝所建立的制度，在對外政策上，他沒有像伊凡雷帝那樣用強制的手段來確立沙皇專制制度，而是趁著時局混亂的契機，漸漸地將對外政策做了改變，即從自衛防禦轉變為侵略擴張。

17世紀上半葉，俄國的版圖急劇向東擴展。這時，俄國的哥薩克疆土開拓者在葉尼塞河和勒拿河畔建立了許多要塞，他們看到了「美麗的海」——貝加爾湖。與此同時，他們還不斷地向西伯利亞全境推進，1639年發展到西伯利亞東部的鄂霍次克海岸，開始進犯中國黑龍江流域。1648年，謝苗・傑日尼奧夫探險隊首次穿過白令海峽——亞洲和北美洲的分界線。在領土西面，俄國同波蘭在1654年至1667年進行了長達13年的戰爭，但由於當時國內、國際條件的限制，俄國最後同波蘭簽訂了停戰協定，俄國收復了斯摩倫斯克、車尼哥夫、謝韋爾斯克和斯塔羅杜布等西部地區，占領了聶伯河左岸的烏克蘭。協議規定聶伯河右岸的基輔及其附近地區由俄軍占領兩年，但實際上卻被俄國永久占領。

歷史斷面

羅曼諾夫王朝名字的由來

伊凡四世的第一任妻子名叫安娜斯塔西婭・羅曼諾夫娜・扎哈里娜，是貴族羅曼諾夫・尤里耶夫的女兒。她任皇后期間，她的兄弟尼基塔甚為得勢，並迅速形成了對俄國深有影響的一族。在經過了羅曼諾夫王朝建立伊始的混亂時期後，尼基塔一族中的米哈伊爾・羅曼諾夫被推舉為沙皇。米哈伊爾・羅曼諾夫為了紀念祖父的功績，以祖父的姓氏命名王朝，即羅曼諾夫王朝。

專題

俄國的等級制度

⊙沙皇專制⊙貴族⊙剝削與壓迫

俄國的等級制度主要是指封建等級制度，這是人們依據土地占有和人身依附關係而形成的一種等級關係。主要是透過行臣服禮和封受采邑（土地）的手段，結成君臣關係，在上的稱封君，在下的稱封臣。封臣對封君行臣服禮並宣誓效忠，從封君那裡接受采邑。俄國的等級制度早在基輔羅斯建立時期就已經形成了，之後，森嚴的等級制度隨著沙皇專制的發展而逐漸完善起來。直到1917年，蘇維埃俄國的建立，才從根本上消除了俄國等級制度。

地主、貴族

早在基輔羅斯還未建立的時候，生活在東歐大平原上的東斯拉夫人就建立起大大小小的多個部落聯盟，其中，部落聯盟的首領首先是武力爭奪或者大家推舉，然後由首領任命下一屆的領導者，這種管理狀態是俄國等級制度的開端。到17世紀時期，隨著農奴制的加強，俄國的等級制度也越來越森嚴，其中主要的等級是貴族、農民、城市資產者、雇工及農奴。

俄國貴族來源於領袖的世襲，對整個國家的土地擁有絕對支配權，他們是俄國的統治階級，而俄國統治者就是最大的貴族，整個廣袤無垠的俄羅斯

▲油畫《葉卡捷琳娜二世收到了信》

俄羅斯女皇葉卡捷琳娜二世在位時期治國有方、功績顯赫，她曾說：「假如我能夠活到200歲，全歐洲都將匍匐在我的腳下；如果我們不同意減少殘酷性和改善人們不可忍受的生活狀況，那麼儘管我們反對，他們自己遲早也會這麼做的；治理俄國這樣幅員遼闊的國家，只能用專制君主制，捨此皆為下策。」

國家都是他的土地，整個國家的人民都是他的奴僕。早在莫斯科公國形成之前，俄國的貴族階級就已經存在了。一直是世襲職位的波雅爾一族和中央集權國家形成過程中出現的封建貴族，在17世紀中期的時候，漸漸趨於融合，形成了俄國統一的地主貴族階級。

俄國地主貴族階級擁有大片土地，並透過農民村社進行統治，他們生活的一切都靠剝削農奴，是俄國農奴制的主要支柱，也是除了俄國統治者以外最直接的剝削主，是等級制度金字塔上的最高一層。除了地主貴族以外，俄國貴族階層中還有工商貴族，他們是以經營工商業逐漸發展起來的，但也索取農奴的貢賦。相對於地主貴族階級，他們的剝削性弱一些。

在俄國貴族階級中，有一部分掌握著國家的大小權力，領取公家的俸祿，同時還兼有領主的身分。他們是比較特殊的一族，因為他們的官銜並不是透過世襲得來的，而是彼得一世時期，彼得大帝廢除了世襲貴族任官制度，進而將權力賦予了一些能力強、功勳卓著的，且在法律上承認的人，這些人曾被叫做新貴族，在俄國的等級制度中也占有重要地位。

在貴族階層中處於最低地位的是破落貴族，在以往，他們也曾擁有名譽和大片的土地，但是隨著歷史的發展，家族漸漸沒落了，最後幾乎除了具有一個貴族的稱號以外，一無所有，其實際地位已經和普通平民沒有區別了。處在俄國等級制度金字塔上接近塔尖的第二層的是城市資產者，這一部分人是在俄國17世紀、18世紀才出現的。當時彼得一世推行富國強兵政策，大力鼓勵俄國商業的發展，其中有一部分富裕的農民，就回應了彼得一世的政策，組建了一批手工工廠，進而形成了各種形式的商業性農業的獨立業主、工商企業主、商業企業主等。他們的特點是經營規模一般都超過了份地和家庭勞動力的範圍，而且除了租地、購進土地和改善農業經營外，往往還從事工商業和高利貸活動。後來，他們發展成為資產階級。

農民、雇傭工人與農奴

在俄國森嚴的等級制度裡，農民的地位處於中等，這個階層雖不像貴族階級那樣具有極大的權力和豐富的財富，但也不像雇工和沒有土地的農民那麼悲慘，他們是擁有自由的身體以及自由意志的一類人，不過所占比例非常少。在俄國17世紀時以直接從事土地勞作而獲得成果的人群之中，農民只占5%，而農奴卻占了95%。

這5%的農民有身體自由，並且擁有自己的一小塊份地，他們的特點是基本可以自給自足，但商品經濟發展很差，經濟地位不穩定，不斷發生分化，富裕的農民最後可能加入富農隊伍中，但是這樣的總是少數，大多數農民則淪落為主要靠出賣勞動力為生的貧雇農。他們收入極其微薄，生活水準也相對低下，最典型的組成人員是有份地的雇農、短工、建築工人。

在俄國等級制度金字塔最低的兩層分別是雇傭工人和農奴，其中雇傭工人與資產階級同時起步。在彼得一世改革時期，工商業迅速發展起來，而勞動力的缺乏成為當時發展的重要障礙，於是彼得一世頒布法令，允許商人企業主購買農奴以發展其工業生產。這部分農奴就在改革的過程中獲得了自由，並且透過在工廠中出賣自己的勞動力獲得生存所需要的物品，但是他們受到的剝削也最為嚴重。

農奴是俄國等級制度中最受壓迫與剝削的階級，他們沒有人身自由，所有的一切都要聽從主人（即地主或貴族）的安排。在法律上，他們沒有任何權力，幾乎就是貴族們為了炫耀自己權威與財富的附屬品。在實際生活中，農奴們卻是俄國廣袤土地上最勤勞的工作者，他們每日工作十幾個小時，得到的卻只是少得可憐的黑黑的麵包和貴族的侮辱。後來，深受上層統治者壓迫的農奴、工人們再也無法忍受在這樣的制度下生存了，於是爆發了俄國社會主義革命，農奴和工人成了革命的主力軍，並最終建立了一個自由、平等的國度——蘇維埃共和國。

《解放農奴法案》

1861年，沙皇亞歷山大二世在俄國推行社會改革，廢除了野蠻落後的的農奴制，使農奴成為「自由人」。

第二章

改革擴張中的帝國大廈

沙皇俄國迅速崛起並成為橫跨歐亞大陸的大帝國，俄羅斯近代歷史由此開端。肇基於銳意變革、「師夷長技」的彼得大帝，而後的俄羅斯帝國歷經了葉卡捷琳娜大帝的開明統治，也出現了亞歷山大一世、亞歷山大二世祖孫兩代的改革，更進一步開疆拓土、稱雄歐洲，大大地擴張了帝國的版圖。

而這樣一個帝國同時內憂不斷，既有底層農奴起義，又有仁人志士革命。它那愚昧落後的農奴制度難以順應世界文明的發展，血腥殘酷的皇權統治更是激起人民抗爭的怒火。百年帝國，早已暗潮洶湧，山雨欲來……。

關鍵詞：改革／彼得一世

彼得一世改革

■ 1676年～1721年

彼得一世是阿列克謝的第二個妻子納雷什金娜所生，他從小生活在村莊中。村莊裡自由而快樂的成長環境，使他較多地接受了自然教育和外國思想。他的改革開創了俄國歷史的新紀元，使封閉、保守的俄國走向了歐洲，並在很短的時間內建立起工業生產、教育以及強大的陸軍和海軍艦隊，使俄國的發展找到了新方向。

彼得登基

彼得一世的父親阿列克謝・米哈伊洛維奇，是羅曼諾夫王朝功勳卓著的建國沙皇之一，他在位期間，俄國的社會生活中出現了不少新風尚，受外國的影響較大。彼得一世的母親——21歲的娜塔莉・基里爾洛夫娜・納雷什金娜是沙皇的第二個妻子。在沙皇的第一個妻子瑪麗亞・伊利尼奇娜・米羅斯拉夫斯卡婭所生育的五男六女之中，有三個男孩夭折，另外兩個男孩費奧多爾和伊凡都患有重病，不能做令沙皇滿意的繼承人。因此，於1672年5月30日出生的、健壯的小彼得給沙皇帶來了新的希望。小彼得深受沙皇寵愛，納雷什金家族也十分得寵，沙皇經常獎賞他們。與此同時，沙皇第一個妻子的米羅斯拉夫斯基家族卻遭到了冷落。這種局面預示著一場爭奪皇權的鬥爭不可避免。

1676年1月，沙皇阿列克謝・米哈伊洛維奇病逝，體弱多病的長子費奧多爾繼位。當時不滿4歲的小彼得和他的母親被驅逐出了莫斯科，居住在普列奧布拉任斯基村裡。雖然小彼得從未接受過一個皇子應受的教育，並且直到16歲才粗通讀寫，但是宮廷外面自由的環境對他的成長卻起到了諸多有益的作用。無拘無束的鄉村生活，使他了解了很多自己感興趣的事情，例如和小夥伴們玩戰爭的遊戲，他就組織了兩個少年兵團，後來這兩個遊戲兵團居然演變成普列奧布拉任斯基衛軍團和謝苗諾夫斯基近衛軍團，成了新軍的主力。總之，小彼得在宮廷外面生活得快樂無比。這種自由使他能夠同社會各階層交往，並從居住在莫斯科的外國人那裡接受了新思想和習俗，這些都為他後來驚天動地的改革埋下了「種子」。

小彼得在宮廷外面過著快樂逍遙的日子，宮廷內部的人卻時刻在為沙皇的位置而明爭暗鬥。1682年4月27日，年僅21歲的新任沙皇費奧多爾病逝。

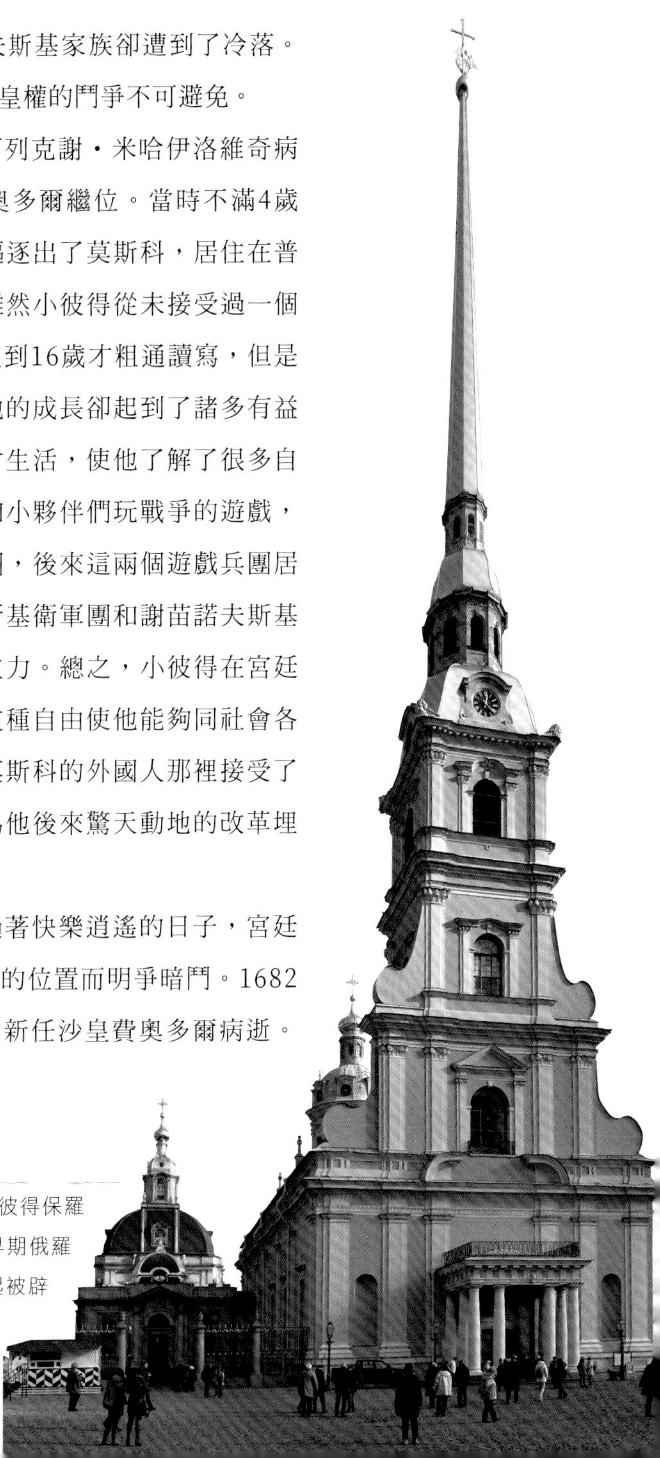

> 彼得保羅大教堂立面

坐落在聖彼得堡市涅瓦河畔的彼得保羅大教堂建於1703年，是一座早期俄羅斯巴洛克式大教堂，1924年起被辟為博物館。

^ 油畫《佐托夫教年輕的彼得一世》

彼得一世十分勤政，興趣也十分廣泛，幾乎無所不包，甚至熱衷於做解剖和牙科手術。

米羅斯拉夫斯基和納雷什金兩個貴族集團為了爭奪皇權展開了激烈的鬥爭，結果1682年5月23日，貴族杜馬決定將10歲的彼得和癡呆的伊凡並立為沙皇。因彼得年幼、伊凡有病，所以由彼得同父異母的姐姐索菲亞公主攝政。不過事實上，實權已經落到了米羅斯拉夫斯基集團手裡。

在米羅斯拉夫斯基集團主政期間，彼得雖為沙皇，卻被排擠出莫斯科克里姆林宮，在距莫斯科數千公尺的行宮裡居住著。即使遠居莫斯科之外，身為宮廷主人的彼得也無法躲避宮廷的廝殺。面對漸漸長大的彼得，索菲亞越來越深切地感覺到自己政權的不安全性，於是在1689年8月的一天，索菲亞祕密命令近衛軍消滅彼得的遊戲兵團，並乘機殺死彼得。不過彼得事先得到了近衛軍中兩位士兵的祕密通報，依靠兩個遊戲兵團的力量，徹底粉碎了索菲亞的陰謀，並把她拘禁到新聖母修道院。自此，彼得開始以彼得大帝和伊凡大帝的名義獨自掌握大權，這種情況一直持續到1696年伊凡病逝。從此，彼得成了俄國唯一的君主，開始著手進行全面改革。

向歐洲學習

縱觀彼得一生的功績，幼年時期的生活經歷對他的統治生涯產生了重要影響，誰都無法想像17世紀俄國的兩大軍事支柱——海軍和近衛軍團，曾經是年幼的彼得一世和夥伴們的遊戲。另外，由於彼得在莫斯科外的行宮離外僑區很近，他很小就接受了西方的新思想與習俗。因此，在彼得執掌政權並對國情有了詳細的了解後，他想去西方學習先進科技和制度的想法更加強烈。於是在1696年，彼得做出了一個讓人匪夷所思的決定。在宮廷上，他以沙皇的名義派出了一個250人的龐大考察團前往西歐各國考察，私底下，他卻以下士彼得・米哈伊洛夫的身分，隨同考察團前行。

1697年1月初，彼得頒布了學習西方海軍艦隊知識的命令，他規定學員到西歐學習航海和造船的必修知識及其他選修科目，並要求獲得畢業證書。同時，他還宣布要雇傭海軍軍官、專家、水手和各種工程技術人員，購買造船設備、器材，為籌建海軍艦隊做準備。1697年8月，彼得一世的歐洲考察團一行先後到達荷蘭造船業中心薩爾丹和荷蘭首都阿姆斯特丹，化名為彼得・米哈伊洛夫的彼得一世率領一批貴族青年在薩爾丹和阿姆斯特丹的造船廠學造船。彼得一世在造船廠當木工，同荷蘭工人一起造好了長達33公尺的「彼得・保羅」號三桅巡洋艦並下水試航，獲得了結業證書。荷蘭技師格里特・柯拉斯・保羅在發給彼得一世的結業證書上寫道：「茲證明，彼得・米哈伊洛夫於1697年8月30日來阿姆斯特丹東印度公司造船廠，在我們的指導下學習木工，他勤奮好學、聰明能幹，在紮、釘、刨、裝配、填縫、鑽鋸、塗膠等方面都堪稱是一個合格的木工。」

1698年2月9日，彼得一世歐洲考察團到達了位於英國泰晤士河右岸的傑普特弗爾德英王造船廠，在這裡，彼得一世帶領他的考察團成員潛心鑽研造船理論和繪圖。他說：「在英國，不僅是要豐富、完善自己的造船知識，還要了解它高度發達的工業和新技術成果。」因此，他還參觀了各種類型的造船廠、海軍部大廈、兵工廠、軍需庫、鑄炮廠等。1698年3月22日，英王威廉三世邀請彼得一世參觀軍港樸資茅斯進行的大型軍事演習，彼得一世被演習的壯觀場面震驚，甚至認為當一名英國海軍上將比當俄國沙皇還要好。這次參觀使彼得一世大開眼界，認識到了俄國同西歐國家的差距。

在彼得一世考察英國的同時，莫斯科發生了火槍兵騷亂。彼得一世獲悉後急忙返回莫斯科，在回國途中，一張清晰的改革方略圖已經在他的頭腦中形成了。所以，當幾位大臣來問候遠途歸來的彼得一世時，彼得一世突然操起手中的剪刀朝他們的鬍子剪去，由此揭開了一系列改革的序幕。

此次歐洲之行，使彼得一世及隨行的人認識到俄國與西歐國家還存在著巨大的差距，激發了彼得一世久存於心的改革想法，也給俄國帶來了巨大的改變。考察團在西歐除了學習科學技術以及考察先進的經濟文化外，還接觸了大批的軍事學家、科學家、教育家、企業家、工程師、技師及宗教界人士等，大大開闊了視野，加強了對西歐國家的認識。考察團還從荷蘭、英國等西方國家聘請了一大批海軍軍官、水手、工程師、專家學者、教授等到俄國來工作和任教，為俄國改革引進和培養了人才。除此之外，考察團在西歐購買了大量的造船和航海器材、設備，購買了一些對俄國建設具有重要意義的數學儀器、各國地圖冊以及藥品、醫療器材，各種動物標本、有關解剖學和附有神經細胞圖表的醫學著作等，這為俄國的全面改革準備了一定的物質條件。總之，這次歐洲之行對彼得一世來說是明智的，它為後來聞名於世的彼得一世改革做了極為充分的物質和精神準備。

彼得一世改革

彼得一世改革可以說是從制訂奪取出海口的計畫開始的。為了滿足貴族地主和新興商人想要擴大與西歐通商的迫切要求，1695年～1696年，彼得一世兩次親征亞速，企圖奪取黑海出海口，但是最後都無功而返。1700

> 沙皇彼得一世畫像

這幅繪製於1698年的肖像畫是彼得送給英國國王威廉三世的禮物。畫像中，彼得一世身穿鑲金刺繡、貂皮襯裡的披風，王冠放在壁龕的墊子上，英姿勃發。

年，彼得一世又發動對瑞典的戰爭，以奪取波羅的海出海口，但也未能成功。這兩次戰爭充分暴露了俄國工業與軍事力量與西方先進國家的差距。

1703年，彼得一世在涅瓦河口三角洲的兔子島上建立起彼得保羅要塞，稱為聖彼得堡，後擴建為城，成為俄羅斯帝國時代的通海門戶。1712年，彼得一世將俄國首都從莫斯科遷到了聖彼得堡。此外，彼得一世還極

^ 彼得一世在荷蘭

1697年，彼得一世派遣使團前往西歐學習先進技術，本人則化名彼得·米哈伊洛夫下士隨團出訪，先後在荷蘭的薩爾丹、阿姆斯特丹和英國的倫敦等地學習造船和航海技術。這些行動，為他後期發動戰爭，並奪得波羅的海出海口打下了堅實基礎。

為重視海軍人才的建設。在他的過問下，俄國先後開辦了一系列海軍學校，彼得一世還親自主持制訂了《海軍章程》。1718年，俄國又成立了海軍的最高領導機關——海軍院。1721年，彼得一世在對瑞典發動的長達21年的「北方戰爭」中終於大獲全勝，並同瑞典簽訂了和約：瑞典將芬蘭灣沿岸、愛沙尼亞、拉脫維亞和卡累利阿的部分地區讓給俄國。俄國獲得了里加和塔林兩個便利的港口，並且在波羅的海沿岸地區穩定下來。這樣，俄國爭奪波羅的海出海口的目標終於實現了。這次勝利使俄國在歐洲大陸上占據了重要的位置，也為俄國成為海上強國奠定了基礎。

在結束歐洲之行回國後，彼得一世便以剪大臣的鬍子為開端，雷厲風行地開始了他的全面改革。從留里克建國時起，俄國就是一個以武力建國的國家，因此，這次改革首先表現在軍事方面。為了儘快取得北方戰爭的勝利，彼得一世先創建了海軍艦隊。早在北方戰爭前幾年，彼得一世為奪取黑海出海口，就已經著手創辦沃羅涅日造船廠，並且成功地製造出了達到世界上先進水準的戰船。北方戰爭爆發後，彼得一世開始創建波羅的海艦隊。到1710年初，波羅的海艦隊已擁有12艘主力艦、8艘三桅巡洋艦、6艘帆槳大船、20艘兩桅帆船、2艘炮兵船和若干小船。為了加速俄國海軍艦隊的建設，彼得一世還決定直接到國外購買現成的軍艦。與此同時，彼得一世不斷完善海軍艦隊的管理機構和加強海軍艦隊的領導工作。

在海軍艦隊逐漸發展的同時，彼得一世還加強了陸軍建設，建立了由志願兵和義務兵組成的常備軍，並重新組織新建了陸軍條令。陸軍條令不僅確定了俄國陸軍的建軍原則，還為後來俄國陸軍的發展壯大奠定了堅實的基礎，從而掀開了俄國軍事史上新的一頁。

彼得一世在建立了初具規模的海軍、陸軍系統後，又開始改進部隊的武器裝備。為了改進武器裝備，彼得一世下令在中部地區建立造炮廠，在圖拉和謝斯特羅列茨克建立了兩個大型兵工廠。據不完全統計，在25年中，俄國兵工廠製造了25萬支火槍、5萬支手槍和3500門大炮，為士兵們全部換上了當時較為先進的武器。透過改革，彼得一世創建了強大的新型海軍和正規陸軍，極大地增強了俄國軍事實力，保證了長達21年的北方戰爭的最終勝利。

為實現進一步的戰略目標，彼得一世把發展經濟提到了改革的日程上來。俄國開始大力扶持工業發展，由於當時的俄國正在進行爭奪出海口的戰爭，所以在各地區建立的兵工廠，很快就帶動起煉銅、化學和紡織品工業的發展。大力發展工業也暫時緩解了農奴制的壓力，這樣一來，俄國大型生產的所有部門都以使用農奴勞動為主。

另外，俄國17世紀的軍事使命又促使彼得一世進行了大規模的政治改革。在國家政治制度上，彼得一世廢除了舊的管理體制，透過建立中央委員會、總檢察院等方式建立了新型國家管理機構。其中，樞密院為國家最高權力機構，下設各院。另外，全國還以省為單位，被分為諸省。

在制度上，彼得一世還新制定了法律，規定所有貴族都必須為國家服役，這樣，一個中央集權的國家體制就建立起來了。為了適應改革的需要，1712年，彼得一世下令把首都從莫斯科遷往聖彼得堡，其目的一是建立一個與莫斯科完全不同的改革開放型首都，二是建立一個更加接近戰場，便於向西擴張的前沿陣地。

v 夏季花園雕像

聖彼得堡市中心最古老的夏季花園，坐落於涅瓦河、噴泉河和天鵝運河形成的小島上，花園裡有幾十座藝術價值很高的大理石雕像，成為眾多市民和觀光者喜愛的休憩場所。

彼得堡原址是涅瓦河三角洲上的兔子島。1703年5月16日，彼得一世親自選定這個修築有6個碉堡的小城堡，取名聖彼得堡。他認為，聖彼得堡瀕臨波羅的海，比莫斯科更易於同西歐國家來往，另外，在這裡可以甩開莫斯科舊勢力的干擾，按照自己的意願把這片未開墾的土地建設成為新首都，以便更加順利地推進改革事業。1712年，彼得一世正式遷都，並進行了大規模建設，把新都聖彼得堡建成了俄國的政治中心、經濟中心、文化中心、教育中心。

遷都和建設聖彼得堡對俄國具有十分重要的意義。它縮短了俄國和西歐各國之間的距離，加強了俄國和西歐各國經濟貿易往來和文化技術交流，從而加速了彼得一世改革事業的進程。新都聖彼得堡是彼得一世歐化改革的視窗和歷史成果。

在對待文化教育的態度上，彼得一世把培養國家急需人才放在了首位，大力創辦世俗學校，發展圖書出版事業，建立一批圖書館、科技館等，大大提高了國民素質，培養了大批軍事科技人才。在宗教方面，彼得一世使教會完全服從於國家機構。由東正教事務管理總局會取代牧首管理宗教事務。東正教事務管理總局由國家官員總監領導。當發現有「威脅國家利益」的情況時，神父必須向當局匯報。

此外，彼得一世從西歐回國後，還立即按照西歐方式整頓莫斯科市容。1699年，彼得一世政府以法律形式規定「在莫斯科大街小巷必須保持清潔衛生，違者受罰；或處以鞭刑，或處以罰款」。彼得一世還要求把聖彼得堡建成像阿姆斯特丹或威尼斯那樣的沿海城市，街道要整齊劃一。為了保持市內環境衛生，政府頒布了「嚴禁在街道上放牧牲畜。市政府應組織人力挖蓄水池和準備防火器材，以預防火災」的條令。

總之，17世紀彼得一世的改革徹底地改變了俄國的面貌，大到國家的政治制度，小到城市的市容市貌，彼得一世都進行了細緻的規定，他的一系列措施使俄國擺脫了被強鄰窺視的命運，也為他贏得了「彼得大帝」的稱號。

改革的深遠影響

彼得一世改革實際上是讓處於內陸的、資訊閉塞的俄國從政治、經濟、文化等各個方面徹底地接受西方先進的生產力，他開創了俄國歷史的新紀元，完成了對國家政治經濟與文化等方面的變革，進而使封閉、保守的俄國將目光轉向了歐洲，在短時間內建立起工業生產、教育以及強大的陸軍和海軍艦隊，並為俄國文化的發展找到了新方向。

另一方面，彼得一世改革的強制性「歐化」也產生了一系列不良後果。首先，完全的「歐化」改革破壞了斯拉夫傳統，使一些古老的斯拉夫文化和傳統消失了，人們的歷史文化根源感流失了。另外，在國家發展上，出現了更加強硬、野蠻的剝削方式，為後來俄國的民眾暴動埋下了種子。在社會上層，教育事業得到了發展，但社會下層的廣大人民卻失去了自由，成為奴隸。

從彼得一世改革的廣度和深度來看，與改革前相比，在發展經濟、完善國家行政機構、創建陸海軍、實施對外開放、發展科學技術和文化教育，以及改變生活習慣等方面都取得了史無前例的成就，開創了俄國歷史的新篇章，為俄國社會的進一步改革和發展奠定了良好的基礎。

總體來說，彼得一世的改革是利大於弊的，著名經濟學家、政治家馬克思以及俄羅斯的偉大領袖列寧、史達林等對彼得一世的改革成果都給予了充分的肯定。

歷史斷面

開放與叛逆——彼得一世與葉卡捷琳娜一世的愛情

1712年2月，在聖彼得堡的皇宮裡，一場令整個俄國皇室「丟臉」的婚禮正在舉行：婚禮的新郎是俄國人心中最傑出的大帝——彼得一世，而婚禮的新娘，卻是一個目不識丁的權臣女奴，更無所謂的「高貴血統」可言。然而，就是這樣一樁看似「荒唐」的婚姻，卻得到了皇室的默許，甚至後來還成為俄國歷史上的一段佳話。

1703年北方戰爭期間，彼得大帝來到當時的權臣緬什科夫的家中議事。就在他剛剛步入緬什科夫的家時，迎面而來的葉卡捷琳娜便迅速映入了他的眼簾——那嫵媚的外貌、溫柔親切的問候，給彼得大帝留下了深刻的印象，以至於這位戎馬半生的大帝很快就拜倒在她的石榴裙下。時至今日，以葉卡捷琳娜的名字命名的宮殿，以及那座名叫「葉卡捷琳堡」的城市，都依然見證著他們之間不朽的愛情。

VISIBLE HISTORY OF THE WORLD

關鍵詞：開明女皇／改革

女皇葉卡捷琳娜二世

▪ 1725年～1764年

彼得大帝逝世以後，發生了一系列宮廷政變，最終，一個名叫索菲亞・弗雷德里卡・奧古斯塔的德國女孩以彼得三世妻子的身分登上了沙皇的寶座，她被稱為葉卡捷琳娜二世。在俄國歷史上，葉卡捷琳娜女皇與彼得大帝齊名，她建立了人類歷史上一個龐大的帝國。她除了政績卓越外，其一段段令人目不暇接的情史更是成了後人津津樂道的話題。

女皇的登基

1725年，剛過了耶誕節，人們還沒有從寒冷的冬季中蘇醒過來，對俄國歷史影響深遠的彼得大帝便去世了。他去世時沒來得及說出繼承人的名字，由此導致貴族高層中展開了激烈的權力之爭。宮廷政變幾乎成了當時聖彼得堡的主旋律，在歷次政變中，由貴族組成的宮廷近衛軍發揮了重要作用，彼得一世的妻子葉卡捷琳娜一世被推上王位，接著是他的孫子彼得二世登基。然而，1730年，彼得二世在結婚前夕就病逝了。於是，部分掌權貴族決定邀請彼得一世的侄女安娜・伊凡諾芙娜執政。1740年，安娜・伊凡諾芙娜臨終前將王位傳給了她的侄女安娜・利奧波多芙娜之子伊凡六世。然而，宮廷近衛軍想看到自己的俄羅斯族女皇登基，於是在安娜·伊凡諾芙娜去世後發動了政變。1741年11月，他們將彼得一世的女兒伊莉莎白推上了王位。

對於那些得到新的優惠和特權的貴族階層來說，伊莉莎白的執政時間長而平靜。但因她過於熱愛娛樂生活使得她終身未嫁，所以不得不把在德國的外甥彼得三世召回來繼承大統。彼得三世回來後，伊莉莎白馬上把為他尋找未婚妻的事情提上了日程，這時，正在俄國遊歷的葉卡捷琳娜作為候選人被邀請到俄國宮廷之中。

葉卡捷琳娜原名索菲亞，是德國小公爵家庭中的小姐，自小隨母親遊歷過歐洲許多城市，並到過不少德國諸侯的宮廷，14歲隨母親來到俄國，並聽從了別人的教誨信仰了東正教，改名為葉卡捷琳娜。

她命運的轉折發生在1744年。這一年，俄國女皇伊莉莎白為她的繼承人彼得挑選妻子，正值豆蔻年華的葉卡捷琳娜以她豐富的遊歷經歷和高貴的舉止深受貴族們的喜愛，很快就被定為皇儲的配偶，但接下來的18年對她來說並不輕鬆。她的丈夫彼得是個身體羸弱、意志薄弱而又乖戾的人，他寵愛自己的情婦，經常羞辱葉卡捷琳娜。在此期間，葉卡捷琳娜自稱是過著「無時沒有書本，無時沒有痛苦，但永遠沒有快樂」的生活。

1762年，女皇伊莉莎白去世，正懷孕的葉卡捷琳娜不敢輕舉妄動，眼睜睜地看著她的丈夫兼死敵彼得登上了皇位，成為沙皇彼得三世。彼得三世雖然是彼得一世的後代，但是他的身上也流淌著一半普魯士的血液，所以他一上臺就下令在「七年戰爭」中形勢大好、勝利在望的俄國軍隊停止戰鬥，退出所占的普魯士土地，並與普魯士國王腓特烈二世簽訂和約。另外，他還準備親自率領一部分軍隊，聽從腓特烈二世的指揮。這些舉動在俄國民眾中引起了強烈反響，但真正惹惱民眾的，卻是他居然要俄羅斯人改信路德教，宣布信東正教的人為異教徒，並沒收東正教會的財產。結果，這一次他自己走上了絕路，大貴族們開始在暗地裡物色新的沙皇繼

^ 葉卡捷琳娜二世與丈夫彼得三世

^女皇葉卡捷琳娜二世畫像

承人。

俄曆1762年6月28日拂曉，33歲的葉卡捷琳娜・阿列克謝耶芙娜在近衛軍軍官阿列克謝・奧爾洛夫和格里戈里・奧爾洛夫兄弟等人的幫助下，發動宮廷政變，推翻並囚禁了剛剛繼任一年的彼得三世。幾天後，彼得三世神祕死亡，葉卡捷琳娜順理成章地繼位為俄國沙皇。葉卡捷琳娜在經過了18年的水火煎熬後，終於以一代女皇的面貌等來了這一天，成為俄帝國的第一女主人。

開明的專制

葉卡捷琳娜二世即位時，國內形勢十分嚴峻，財政出現了極大的困難。她在日記中曾記載：她的軍隊有8個月沒有領到餉銀了，基本上處於混亂狀態；而國家預算有1700萬盧布負債，另有1億盧布流通在市面上，但是在整個帝國卻無人知道國庫收入的情況。另外，此時國家的政治也不穩定，不僅自己的皇權受到貴族的威脅，每年還約有20萬屬於廠礦和寺院的農奴在揭竿造反，國家的政治制度、刑獄司法等居然可以作為買賣，到處都充斥著行賄、貪污、舞弊和執法不公現象，民眾怨聲載道。

面對這種嚴峻形勢，葉卡捷琳娜二世鎮定自若，雷厲風行地著手治理錯綜複雜的國政，把彼得一世的改革事業繼續向前推進，建立了一個強大的俄羅斯帝國。

為解決諸多問題，葉卡捷琳娜二世進行了一系列改革，歷史上稱之為「開明專制」。「開明專制」主要是針對貴族階級，一方面，葉卡捷琳娜二世採取一系列措施鞏固貴族階級的利益，以間接鞏固自己的皇權；另一方面，由於當時的俄國無論是在財政上還是在軍事上都已經精疲力竭了，所以葉卡捷琳娜二世積極地調整了對外政策，為爭霸歐洲積聚力量。葉卡捷琳娜二世取消了彼得三世對丹麥的宣戰令和1762年6月19日簽訂的俄普軍事同盟條約，從普魯士撤回了俄國的軍隊。另外，她還召見奧地利和法國大使，表示俄國對其的友誼和對歐洲和平的願望。葉卡捷琳娜二世對外政策的調整，使俄國擺脫了大量的軍費負擔，並贏得了軍隊的支持。同時，使俄國的外交政策更好地服務於俄國貴族和商人的利益，為將來爭奪歐洲霸權做準備。

另一方面，葉卡捷琳娜專制的開明性鮮明地體現在了她在新法典的制定上。葉卡捷琳娜二世即位時，俄國依據的法典還是沙皇阿列克謝・米哈伊洛維奇於1649年制定的《法律全書》，隨著俄國經濟、政治及與各國關係的發展，這部法典已經明顯不符合當時國內的發展狀況了。於是葉卡捷琳娜二世適應國內形勢的變化，迎接時代的挑戰，決心效仿西歐，制定一部既能維護俄國傳統專制制度，又能吸取西歐近代文明；不僅能在俄國推行，還能給其他國家做出示範的新法典。在經過葉卡捷琳娜二世與當時的歐洲啟蒙思想家狄德羅、伏爾泰等親自交流後，一部帶有18世紀啟蒙思想意味的新法典問世了，它就是如今在俄羅斯法律史上依然擁有盛譽的《聖諭》。

《聖諭》中充滿了自由、平等、慈善、公正、理智等字眼；提倡「熱愛祖國」，認為這是防止犯罪行為強有力的手段；要求制定一個禁止富人欺侮窮人的法律，指出貧富對抗的危險性等。總之，《聖諭》既想接受進步思想，又要維護傳統模式；既提倡平等，又重視特權；既要維護專制政體，又覺得寬容不無好處，是一個具有自由主義色彩、充滿矛盾的「大雜燴」。

葉卡捷琳娜二世實行「開明專制」的目的是為鞏固自己的統治，加強專制制度。因此，在她的「開明專制」中，「開明」是極為有限的、表面的、暫時的，「專制」則是無限的、實在的、長期的、強化的。葉卡捷琳娜二世繼承了老沙皇的衣缽，以「開明」為幌子，頑固地維護著沙皇專制制度和農奴制度。她把自己打扮成農奴制的反對者和公正裁判的擁護者，但是實際上，她卻極力維護和擴大貴族地主的權益，擴展農奴制地區，殘酷鎮壓農奴起義，把農奴制度強化到了無以復加的程度。

貴族的「黃金時代」

葉卡捷琳娜二世深知奪取和鞏固皇權都必須依靠貴族，因此，她上臺伊始，便頒布了一系列法令以進一步爭取貴族的支持。1762年，葉卡捷琳娜二世以沙皇的名義頒布了《賜予俄國整個貴族階層自由》的詔書。這個詔書規定貴族可以免除為國家服務的義務，可以擁有自由管理地產、自由出國及其他許多特權。

葉卡捷琳娜二世登基後，立即實行論功行賞、培植親信的措施，獎賞政變中為她立過功的貴族和軍官，在頭四個月裡支出的賞錢多達80萬盧布，還把大量土地連同1.8萬名農奴賞賜給親信，以培植自己的力量。另外，葉卡捷琳娜二世即位後還大力推進丈量土地的工作，肆無忌憚地掠奪少數民族的土地。貴族只要向國家繳納少量現金，就可將土地劃歸已有。

在日漸增長的教會勢力方面，葉卡捷琳娜二世採取了沒收教會地產，壯大世俗貴族地主經濟的措施。當時俄國東正教教會擁有大量土地，附屬於這些土地的農奴比別的農奴處境更為悲慘，而且教會沒有向國家納稅的義務。葉卡捷琳娜二世即位後，經過深思熟慮，於1764年2月18日頒布敕令，決定重新沒收教會土地，連同近百萬農奴，交給一個特別機構——國家經濟院管理，稱為「經濟農民」。後來，她又藉由各種名目，將這部分土地漸漸轉給貴族階級。幾個世紀以來，世俗封建主和教會封建主為爭奪土地和農奴進行的鬥爭，終於以世俗封建主的勝利而告終。

葉卡捷琳娜二世為爭取上層貴族的支持，還放棄了傳統的沙皇個人預算資金，嚴厲整治貪污受賄、營私舞弊和法院徇私枉法等弊端，贏得了上層貴族的好評。為了穩定政局，葉卡捷琳娜二世派陸軍鎮壓各地農奴起義，從而贏得了貴族地主階級的信任。

葉卡捷琳娜二世的這一系列舉措對她皇權的鞏固與確立起到了重要作用。在她執政的34年裡，她的對內、對外政策，得到了俄國貴族的讚賞，被頌為「貴族女皇」，她所統治的年代被稱為貴族的黃金時代。然而，葉卡捷琳娜二世改革的目的和政策的實質，是為了進一步鞏固和加強沙皇專制制度，並把農奴制推到了頂峰。這加深了沙皇俄國社會的基本矛盾，使封建農奴制陷入了嚴重的危機。

歷史斷面

女皇的畫像

葉卡捷琳娜二世被認為是俄羅斯歷史上僅次於彼得大帝的一代賢君。彼時，她的權勢已經到達巔峰，然而作為一名女性，她對愛情最基本的渴求卻一直無法得到滿足。最後，她不得不開始在宮廷的各種場合中去物色自己心儀的人選：從副官切爾內紹夫，到後來的宮廷美男子薩爾特科夫及年輕的紳士波尼亞托夫斯基伯爵。在葉卡捷琳娜二世登基成為一代女皇之後，她對愛情的慾望也變得變本加厲起來，以致於後來相關學者在研究了她的一生後，竟然列出了一份她曾經的情人名單——多達23位社會名流！

VISIBLE HISTORY OF THE WORLD

關鍵詞：普加喬夫／農民戰爭

普加喬夫起義

- 1773年

普加喬夫於1742年生於頓河河畔齊莫維伊斯鎮一個貧苦的哥薩克家庭，自幼隨父親耕地，17歲開始服兵役，曾參加過俄、法、奧等國同普魯士的七年戰爭。在同土耳其的戰爭中，因作戰勇敢，獲哥薩克軍少尉軍銜。不久，他因病回家，又因生活所迫，到處漂泊流浪、尋找出路。1773年，他開始以彼得三世的名義發動起義，對俄國資本主義的萌芽產生了重大影響。

發展壯大的起義隊伍

自羅曼諾夫王朝建立以來，幾乎每代沙皇都不斷地透過制定法律來確定農奴制度，加重對廣大群眾的壓迫與剝削，基本上把農奴固定在了土地上。農奴們沒有自由，可以被貴族任意買賣或贈送。這種生活狀態時刻在折磨著農奴們，殘酷的法律和沉重的剝削激起了廣大被壓迫群眾的反抗，社會動盪不斷。

1742年，頓河河畔齊莫維伊斯鎮的一個貧苦的哥薩克家庭正沐浴著艱苦的生活中少有的快樂，隨著一聲響亮的啼哭，一個小男孩出生了，整個家庭頓時由於這個新生命的加入而歡欣鼓舞起來。這個男孩就是後來在俄羅斯歷史上留下重大影響的葉梅利揚·伊萬諾維奇·普加喬夫。由於家庭貧困，小普加喬夫沒有讀書的機會，他自從有記憶起，就跟著父親在田裡耕地。不管是炎炎烈日還是滂沱大雨，小普加喬夫都眼睜睜地看著父親在田裡勞作，還要遭受貴族大人們的壓迫，這一幕幕都在小普加喬夫心裡留下了深刻的印象，也讓他深切地意識到了農奴悲慘的生活境況。

^ 位於俄羅斯聖彼得堡涅瓦河畔的艾米塔吉博物館外景

1758年，17歲的普加喬夫按照俄國的法律服兵役，並參加了俄、法、奧等國同普魯士的七年戰爭。在同土耳其的戰爭中，他因作戰勇敢，獲得了哥薩克軍少尉軍銜。但不久，他因病回家，後因生活所迫，到處漂泊流浪，尋找出路。1773年6月，他走到亞伊克河流域聽到了彼得三世並沒有死、而是躲藏起來並準備發動一場討伐不忠妻子的戰爭的消息。此時的俄國社會隨著農奴制剝削和壓迫的加強，階級矛盾日益尖銳，廣大農奴和勞苦大眾反對農奴制的鬥爭也更加激烈。農奴反對農奴制的方式開始由逃跑，發展到殺死地主和管家、放火焚燒和襲擊地主貴族的庭院的起義形式。這種起義形勢迅速席捲了頓河和亞伊克河，即烏拉河流域的哥薩克的各城鎮，並把亞伊克河流域一帶的哥薩克民族分裂成為兩個敵對的陣營——上層富裕的哥薩克豪紳和下層貧苦的哥薩克貧民。兩個層次的政治情況也不同，葉卡捷琳娜二世政府支持順從的上層哥薩克豪紳，嚴厲打擊不順從的下層哥薩克貧民。

正漂泊在亞伊克河的普加喬夫面對到處燃燒著熊熊怒火的農奴起義，以及天生對葉卡捷琳娜二世痛恨的哥薩克民族情感，迅速地抓住人們認為彼得三世沒有死的情緒，帶領著由80個哥薩克人組成的隊伍向位於南烏拉爾的亞伊克小鎮進發。這樣，一支由80個哥薩克人組成的隊伍在普加喬夫的領導下，高舉著帶有分裂派教徒的十字架、灰色粗麻布的義旗，從托爾卡切夫村出發，向亞伊克城堡挺進。聲勢浩大的普加喬夫起義從此拉開了序幕。進城以後，他宣布自己是「君主彼得・費奧多羅維奇」。這個消息一經傳出，他的周圍立刻就聚集了一大批對葉卡捷琳娜二世政策不滿的哥薩克貧民，伊凡・查魯賓奇卡、提莫菲依・姆亞斯尼科夫、馬克沁・施加耶夫等人都加入了普加喬夫的起義隊伍。

v 普加喬夫審問被抓的俄羅斯貴族

在聚集了一定的力量之後，普加喬夫以彼

∧普加喬夫的起義軍進攻喀山城

1774年7月12日，普加喬夫把起義分成4路縱隊，向俄國南方另一軍事重鎮喀山發動猛攻。經過激烈戰鬥，起義軍攻破喀山城，政府軍倉皇逃走。

得三世的名義宣讀了由他的助手哥薩克人伊凡·波奇塔林所寫的宣言。宣言答應把「原屬於農奴和地主的一切賞賜給農奴，賜給哥薩克人永久的自由，不招募新兵，不徵收人頭稅和其他貨幣稅，准許占有土地、草場、漁場及鹽湖，並且不准買賣，也不收代役租，免除惡霸貴族和貪官污吏從前加予農奴和一切人民的種種賦稅」。宣言還指示所有的貴族留在自己的領地，作為「使農奴破產的人而聽候逮捕，處治和絞死」。同時，要求人民「相安無事，各安生業」。宣言在窩瓦河流域產生了廣泛的影響。人民群眾奔相走告，以欣喜的心情閱讀宣言和命令，準備用敲鐘、獻麵包和鹽的最高禮遇迎接普加喬夫起義軍。普加喬夫的隊伍得到補充、擴大。

^ 普加喬夫被俄羅斯帝國的軍隊處決

影響深遠

由戰爭經驗豐富的普加喬夫領導的農民戰爭迅速席捲了俄國南部和中部的烏拉爾、巴什基爾、窩瓦河流域和西西伯利亞。普加喬夫的隊伍前進迅速，沿途攻占要塞和城市，燒毀地主莊園。震驚的葉卡捷琳娜二世派出了強大的軍隊跟蹤起義軍，對付普加喬夫。1773年8月21日，普加喬夫率領8000人的主力軍進抵察里津。在喀山城下，普加喬夫遭遇了葉卡捷琳娜二世派出的強大軍隊，他與米赫爾森官軍進行了決定性的戰鬥，但是由於沒有先進的武器且雙方力量懸殊，他帶領的起義軍接連戰敗。葉卡捷琳娜二世政府出2.8萬盧布懸賞普加喬夫的人頭，重金之下，一個叛徒出賣了普加喬夫。1774年9月14日，普加喬夫被捕。1775年1月，普加喬夫及其戰友佩爾菲里耶夫、施加耶夫、托爾諾夫和波杜羅夫等人在莫斯科被處死。至此，以普加喬夫為首的農奴起義以失敗告終，普加喬夫起義成為俄羅斯歷史上最大規模的農奴戰爭。

普加喬夫起義雖然失敗了，但它在俄羅斯的歷史上卻有著深遠的意義。普加喬夫被處死後，人民繼續堅持鬥爭。在以後的許多年裡，普加喬夫起義軍在俄國廣闊的領土上時有再現，到處都有擁護普

^ 年輕時的葉卡捷琳娜二世

起義過程中，普加喬夫開展了大量的宣傳、鼓動工作，到處傳布檄文，號召各族人民起義推翻葉卡捷琳娜二世的統治。

加喬夫起義軍的人在活動。這次起義給了俄國農奴制度以沉重的打擊，並在一定程度上為俄國資產階級關係的產生和發展創造了條件。

VISIBLE HISTORY OF THE WORLD

關鍵詞：俄土戰爭／軍事統帥

天才統帥蘇沃洛夫

▪ 1730年～1800年

亞歷山大・瓦西里耶維奇・蘇沃洛夫，是俄羅斯軍事學術的奠基人之一。父親是上將參政員的蘇沃洛夫從小就受到了軍事薰陶，酷愛軍事。他的軍事生涯最早起於伊莉莎白女王時期的七年戰爭，從此，他的軍事才華得到了充分的發揮，功勳卓著。其中最為著名的是在1768年～1774年和1788年～1791年間，俄國發動的兩次俄土戰爭中的優秀表現，這使他在俄羅斯歷史及俄羅斯軍事史上有著重要地位。

父親的薰陶

蘇沃洛夫於1730年出生於莫斯科一個普通的貴族家庭，父親瓦西里・伊萬諾奇・蘇沃洛夫是一位上將參政員，學識淵博，曾編纂了俄國第一部軍事辭典。蘇沃洛夫小時候，父親常常讓他坐在自己的膝蓋上，然後從留里克兄弟的建國講起，講述那些英雄們是怎樣在艱苦的環境、緊迫的局勢中取得勝利；在戰爭中，查理十二世、彼得大帝、亞歷山大、凱撒、漢尼拔、孔代、蒂雷納、歐根・薩瓦親王、薩克斯元帥等傑出的統帥又是怎樣取得了成功。就這樣，幼小的蘇沃洛夫對軍事產生了極大的興趣，並在父親的指導下開始研究炮兵學、築城學和軍事史。

1742年11月，從小就對軍事感興趣的蘇沃洛夫，申請了謝苗諾夫斯科耶團火槍兵的位置，並被順利地錄取了。年輕的蘇沃洛夫在軍營裡發現很多士兵動不動就酗酒鬥毆，把軍營弄得烏煙瘴氣。蘇沃洛夫不想隨波逐流，他從不逃避勤務，心甘情願地去值班、站哨和操練。他還遵循父親對他的教導，每天都要讀書。在這期間，他閱讀了希臘史學家普魯塔克的《著名古羅馬統帥凱撒的回憶錄》，學習了奧地利軍事家蒙特庫科利的《論軍事藝術》，研究過沃爾夫和萊布尼茲的哲學原理，並且學會了德語。

1748年5月6日，正在與戰友研究俄國當前軍事形勢的蘇沃洛夫被叫到了辦公室，並獲得了首次提升，之後，聰明的蘇沃洛夫一直受到上級的重用。1754年5月，他被授予了中尉軍官軍銜，並被派往英格曼蘭步兵團任職。從此開始了他浴血奮戰的戎馬一生。

戰鬥的生涯

1756年，當蘇沃洛夫還在陸軍學院任職時，俄普戰爭爆發了。戰爭初期，蘇沃洛夫只擔任後勤工作。自1758年，蘇沃洛夫以一級少校軍銜在里夫蘭和庫爾蘭為作戰軍隊組建預備營起，他天才般的統帥才華顯露出來，繼而無論是在梅梅爾任要塞司令，還是作為俄國作戰軍隊大本營的參謀，他都可以揮灑自如地指揮戰鬥，在手下戰士們的無比擁戴下，在1760年庫勒斯道夫戰役和攻占柏林之戰及1761年攻占科爾貝格戰役中，他輕鬆地取得勝利。

1768年，俄土戰爭爆發，蘇沃洛夫晉升為准將，在奧列霍夫、朗茨克魯納、扎莫斯季亞、斯特洛維奇等地區參加了對巴爾同盟的戰鬥，他只用一個旅的兵力就取得了戰勝波蘭貴族黨人、攻占克拉科夫城堡的成績，可見其軍事才華之一斑。

如果說蘇沃洛夫的軍事才華在俄普戰爭時期只是嶄露頭角的話，那麼

在俄土戰爭中，蘇沃洛夫的軍事才華得到了淋漓盡致的展現。從俄土戰爭開始，他就取得了一系列戰役的勝利。在同巴爾同盟戰鬥後，蘇沃洛夫立即被派到了巴爾幹地區，在魯緬采夫元帥的指揮下，率領自己的支隊兩次圓滿地完成了任務，擊敗了圖爾圖卡依的土耳其人，並使其遭受了重大損失。

^ 亞歷山大・瓦西里耶維奇・蘇沃洛夫肖像畫

1774年，在取得了俄土戰爭的勝利後，蘇沃洛夫又分別參加了一系列軍事活動，並在其中起了重大作用，直到1787年，俄土戰爭再次爆發。在這次的俄土戰爭中，蘇沃洛夫以伊茲梅爾要塞一戰而蜚聲於俄國。

伊茲梅爾要塞位於多瑙河右岸，這裡壁壘森嚴、城牆壁立，是個易守難攻的戰略要地。另外，因為其重要的戰略位置，敵方投入了大量的軍事力量及重型武器，俄軍久攻不下。這時，蘇沃洛夫來到了前線，在勸降無果後，只用9天時間就徹底攻破了固若金湯的伊茲梅爾城，土耳軍軍隊全線潰敗。這次戰役的勝利成為俄土戰爭俄國勝利的重要砝碼，也因為這次戰役，蘇沃洛夫受到了當時的沙皇葉卡捷琳娜二世的高度讚賞。

儘管蘇沃洛夫在俄土戰爭中做出了卓越貢獻，但是他擁護「開明」君主制度，反對軍國主義官僚統治的思想還是引起了沙皇政府對他的敵視。1797年2月，暫時穩定的沙皇政府革了蘇沃洛夫的職，並讓蘇沃洛夫回到自己的莊園孔昌斯科耶鎮；同年5月，他被流放到了諾夫哥羅德省的康昌斯科耶鎮，並被監視。

1798年，拿破崙在歐洲的土地上肆意侵伐，引起了歐洲各國的恐慌，俄國面臨著被侵入的危險，在英國、奧地利、土耳其等盟國的堅決要求下，保羅一世不得不在2月任命蘇沃洛夫為駐義大利北部俄軍總司令，奧軍也歸他指揮。由於俄軍高昂的鬥志和訓練有素，以及蘇沃洛夫的卓越統帥才能，1799年4月，俄奧聯軍在阿達河戰役中戰勝法國軍隊；6月，在蒂多內河畔戰勝法軍，贏得特雷比亞戰役的勝利；7月，攻占曼圖亞要塞；8月，在諾維戰役（Battle of Novi）中獲勝。蘇沃洛夫在一系列的作戰中，取得輝煌勝利，殲滅了由富有才幹的統帥莫羅、麥克唐納和儒貝爾率領的3個法國集團軍，是歐洲當時各大戰役中唯一一個與拿破崙勢均力敵的人。

> 蘇沃洛夫雕像

< 蘇沃洛夫在聖哥達山頂

因戰功卓著，蘇沃洛夫於1799年10月28日被沙皇授予俄國大元帥軍銜，並在聖彼得堡戰神廣場上為他建立紀念碑，以表彰其在瑞士遠征中的功勳。

1798年9月11日，已經取得了對義大利戰爭勝利的蘇沃洛夫開始了對瑞士的遠征，在這次遠征中，俄軍打過了瑞士的聖哥達隘口和鬼橋，翻過羅斯施托克山脈，進入了姆堅山谷，完成了跨越帕尼克斯山脈的進軍。這是軍事史上的巨大成就，也是蘇沃洛夫軍事生涯的巔峰。其中，俄軍表現出空前的英雄主義，在前衛戰鬥、後衛戰鬥中，巧妙迂迴陣地、戰術合圍和全殲被圍之敵等方面提供了值得借鑑的範例。

1799年10月，俄國與奧地利的聯盟破裂，蘇沃洛夫奉詔返回俄國，再遭貶謫。1800年4月21日，他返回聖彼得堡。殘酷的、不公正的待遇使這位統帥心灰意冷，於5月18日在聖彼得堡克留科夫運河畔的赫沃斯托夫宅邸中過早地離開了人世。

輝煌的成就

蘇沃洛夫去世以後，他對俄國的重大貢獻一直沒有得到沙皇政府的承認，直到1917年十月革命勝利以後，蘇沃洛夫的軍事貢獻才被承認，並被作為一位天才的統帥和軍事思想家載入世界史冊。

蘇沃洛夫在軍事科學上做出了巨大貢獻，他創立的「人是制勝的決定因素」的思想和訓練軍隊的方法，不但使蘇沃洛夫在18世紀成為一位戰無不勝的將軍，還對俄國軍事發展起到了很大的促進作用，成了蘇聯紅軍進行軍事行動的戰略基礎。另外，蘇沃洛夫在軍事理論和實踐方面也留下了大量的遺產，以新的結論和理念豐富了整個軍事學領域。蘇沃洛夫摒棄陳舊的、封鎖線式的戰略和線式戰術，在其統帥實踐中制訂並運用了較完善的作戰樣式和方法，這些作戰樣式和方法大大超越了當時的水準，使俄國的軍事學術在國際上得以取得領先地位。

從個人角度看，蘇沃洛夫不僅是偉大的戰略家，還是一位卓越的戰術家。他完善了同散開隊形相結合的縱隊戰術，把這種戰術與戰爭中實際的火力情況和白刃突擊正確結合。他把以死相搏的白刃突擊的技藝提升到了空前的高度，為俄國的戰略戰術發展提供了豐富的實踐經驗。

歷史斷面

俄土戰爭

1774年俄土戰爭結束後，俄國確立了在巴爾幹半島的優勢地位，這使葉卡捷琳娜二世南進的野心日益膨脹。

1787年8月，土耳其對俄宣戰，葉卡捷琳娜二世執政期間進行的第二次俄土戰爭正式爆發。在戰爭中，俄土雙方各投入了20萬兵力，俄國在陸上、海上都重創土耳其軍隊，先後占領多瑙河兩公國，並控制了黑海。其間，奧地利和英國為了阻止俄國在土耳其勢力的擴大，採取了制俄政策。英俄雙方武裝對峙，險些爆發戰爭，波蘭又爆發反俄民族獨立運動，牽制了俄國的力量。

俄國在軍事上占絕對優勢的情況下，於1791年7月同土耳其簽訂和約，戰爭結束。俄國得到了庫班河至聶斯特河之間的黑海北岸地區，擴大了俄國南方的出海口，鞏固了其在黑海的地位，為俄國進一步爭霸巴爾幹半島奠定了基礎。

VISIBLE HISTORY OF THE WORLD

關鍵詞：改革／外交

亞歷山大一世

■ 1801年～1825年

亞歷山大一世是沙皇保羅一世的長子、女皇葉卡捷琳娜二世的孫子。他從小就接受了西方啟蒙思想教育，即位後致力於俄國的政治改革和軍事改革，並且動搖了俄國根深蒂固的農奴制度。他一生的大部分時間都花費在俄國的外交上，透過他的努力，俄國與其他大國之間的關係得到了改善。

亞歷山大一世繼位

亞歷山大一世從出生的那一日起就被葉卡捷琳娜二世抱走撫養，女皇非常喜歡這個孫子，為了讓這個孩子接受西方先進的思想，葉卡捷琳娜二世不惜打破俄國王室規定，親自聘請法國著名的學者達朗貝爾做亞歷山大一世的老師。狄德羅婉辭拒絕後，女皇又請了瑞士的共和主義者哈潑做他的家庭教師，所以亞歷山大一世自小就接受了先進的教育。家庭教師雖然使他對啟蒙運動的哲學思想產生了強烈的憧憬，卻未能使他認識到俄國當時的社會現狀和政治現狀。再加上他幼年時經常去加特契納看望他的父親保羅一世，在那受到了嚴格的管教，無形中接受了俄國傳統的專制思想。亞歷山大一世幼年時期所受的這種矛盾的教育，以及他對祖母的責任感和

＾沙皇亞歷山大一世騎馬像

對父親的忠誠，在他的內心形成強烈的衝突，導致了他繼位後面對政治理想和俄國政治現實對立時，無法採取果斷的執行措施，造成最終沒有徹底改造俄國政治制度的局面。

亞歷山大一世這種優柔寡斷的性格在他登基之事上就表現了出來。葉卡捷琳娜二世早在多年前為

亞歷山大一世童年畫像

了避免宮廷爭位之戰就寫好了傳位詔書，但是1796年葉卡捷琳娜去世以後，亞歷山大一世雖然知道女皇有讓自己繼位的密詔，但他不願意公開去和父親爭奪王位，怕會傷害父親，所以只好眼睜睜地看著父親燒掉詔書，登上了王位。1796年上臺執政的俄國沙皇保羅一世參加了第二次反法聯盟並派俄軍進入義大利與法軍作戰。1800年，在法國的壓力下，俄國與英國絕交，與瑞典、丹麥、普魯士等國簽訂了旨在反對英國、恢復武裝中立的條約。保羅一世的反英政策遭到俄國貴族集團的反對，因為英國是俄國輸出商品的主要市場。這樣，在俄國上層貴族中間就出現了策劃宮廷陰謀的動向，許多大臣和軍官都參加了這次陰謀，連皇位繼承人亞歷山大一世都知道此事，只有沙皇一人被蒙在鼓裡。1801年3月11日晚，沙皇保羅一世在米哈伊洛夫宮被刺，不治身亡。亞歷山大一世繼位。

亞歷山大一世登基之後立即宣布，他將按照祖母葉卡捷琳娜二世制定的法律和精神來治理國家，這一做法受到了地主和貴族們的擁護。由於他幼年時期接受了啟蒙思想教育，並且深刻地了解到俄國現在的政治制度的弊端，所以在即位後進行了一系列改革。他與幾個親密的朋友組成了樞密委員會，改革了當時俄國的行政制度和機構，並且興辦了大批學校。最重要的是在改革中，亞歷山大一世改變了自羅曼諾夫王朝建立以來就確立的

^ 沙皇保羅一世及其家人

在俄羅斯歷史上，亞歷山大一世的父親保羅一世是一個充滿悲劇色彩的人物，他重複了父親彼得三世的命運，最後死於宮廷陰謀。

農奴制度，他允許農奴在繳納大量贖金後獲得自由。他的這一舉措對俄國後來的資本主義萌芽產生了重大影響。亞歷山大一世幼年時期就喜愛檢閱軍隊，因此他在執政期間還曾設想在俄國建立一個永久自足的軍事階級，他命令農村7歲以上的兒童要接受軍事訓練，45歲以下的人要穿軍裝，把農村變成大軍營。由於亞歷山大一世致力於發展俄國軍事，再加上當時俄國所處的社會環境，使他進一步推動了俄國在當時的領土擴張。

四處征戰

19世紀初，拿破崙稱帝，這個崇尚武力解決一切的將軍上臺後，就對歐洲發動了前所未有的進攻，英國、法國、普魯士等國幾乎都遭遇過這個短粗身材的將軍的騷擾，他在歐洲幾乎形成了拿破崙恐懼浪潮。而此時的亞歷山大一世正在為建立一個和平的歐洲而努力與各國斡旋，他對歐洲大陸的政局波動極為敏感，拿破崙在歐洲的一系列行為，讓他早早就感受到俄國也逃脫不了這次劫難。於是他一上臺便立即恢復被他父親破壞了的俄英聯盟，希圖遏制拿破崙的擴張野心，實現全面媾和。他與普魯士簽訂友好條約，對腓德烈・威廉三世表示友好，他一直相信會出現歐洲聯邦。但是拿破崙稱霸歐洲的念頭從未打消。1804年，亞歷山大一世組成第三次反法同盟，向法國宣戰，他自任總司令。但這次戰爭由於他用人不當而遭到慘敗。

1806年，拿破崙以迅雷不及掩耳之勢擊潰了普魯士，進入波蘭，這嚴重威脅到了沙俄的利益，亞歷山大一世不得不再次組織抵抗。1807年，在波蘭戰場，本格尼森率領的俄軍節節敗退，亞歷山大一世被迫求和。亞歷山大一世與拿破崙在尼曼河中心的木筏上進行了一對一的會談，在這次會談中亞歷山大一世又一次將他「演員」的特長發揮得淋漓盡致。最後，雙方簽訂了《提爾西特和約》，實際上是法俄兩國瓜分歐洲的協議：兩國結盟，瓜分波蘭；俄國承認拿破崙在歐洲各國的既得利益；拿破崙則允許亞歷山大一世在瑞典和巴爾幹「自由行動」。利用這個「自由行動」，此後的幾年，亞歷山大一世使拿破崙的貪婪本性重新發作起來。

1809年，拿破崙入侵瑞典，奪取了整個芬蘭和瑞典本土的一部分。1812年，拿破崙以勢如破竹的速度攻破了俄國，直指俄國的心臟莫斯科，俄軍在戰鬥中節節敗退使得亞歷山大一世被迫重新起用老將庫圖佐夫，並最終取得了莫斯科保衛戰的勝利。這次勝利是拿破崙在歐洲大陸上遇到的第一次挫敗，對整個歐洲及俄國都有著不可言喻的意義。而亞歷山大一世在阻擋拿破崙侵略整個歐洲大陸的道路上起到了積極的作用，並且後來在他的倡議下所組成的「神聖同盟」，已經具備後來國際聯盟的雛形。打敗拿破崙的亞歷山大一世照理說進入了人生的巔峰，但是自從他回到聖彼得堡之後，身邊的人卻明顯地感受到了他的變化。他好像變了一個人一樣，精神和意志急劇退化，喜歡獨處，越來越深居簡出，思想上也逐漸傾向於神祕主義，這種情緒時刻感染著他的人民。直到1825年的一天，宮廷突然傳出了亞歷山大一世暴卒的消息。不過，亞歷山大一世的思想和行為還是有很多令人難以理解之處，在俄國歷史上留下了諸多謎團，以致於他被後人稱為「至死如謎的斯芬克斯」。

總結亞歷山大一世的一生，他透過一系列戰爭，主要是與拿破崙的戰爭，使俄國的版圖和勢力範圍在彼得一世、葉卡捷琳娜二世時的基礎上，又向歐洲心臟地帶推進一步，當他的鐵蹄踏遍歐洲各國時，已毫無疑問成為當時的歐洲霸主。亞歷山大一世透過大刀闊斧的改革和自身卓越的軍事才幹大大提升了俄國的國際地位。而他作為主要參與者透過維也納諸條約、「神聖同盟」建立起來的歐洲新秩序，歷經19世紀中期歐洲政治版圖的多次變遷，一直到第一次世界大戰後的《凡爾賽和約》後才被完全取代，為歐洲和平做出了傑出的貢獻。

歷史斷面

1805年奧斯特利茨戰役

1805年12月，俄國沙皇亞歷山大一世和奧地利皇帝弗蘭茨二世親自指揮軍隊在奧斯特利茨平原（今捷克境內）集結兵力，準備和拿破崙在此一決雌雄。拿破崙為了避免腹背受敵，決定採取速決戰術。他命令法軍右翼後撤，引誘奧俄聯軍主力進攻，然後再將敵軍攔腰切斷，予以殲滅。

然而，沙皇亞歷山大一世冒進尋求決戰，最終導致整個戰役的失敗。法軍把奧俄聯軍切為兩段，從普拉岑高地順勢橫掃而下，俄奧聯軍潰不成軍，被法軍逼到冰凍的特爾尼茨湖上。法軍用強大炮火猛轟湖面，俄奧聯軍落水溺死者無數，拿破崙大獲全勝。此後，俄軍從奧地利撤退，奧皇向拿破崙求和。第三次反法聯盟瓦解。

VISIBLE HISTORY OF THE WORLD

關鍵詞：拿破崙／庫圖佐夫

1812年衛國戰爭

■ 1806年～1812年

1812年衛國戰爭指的是發生在1812年的俄國人民反對拿破崙入侵、保衛祖國的戰爭。當時整個歐洲大陸都在面臨著被拿破崙吞併的危險，1812年，俄國人民在亞歷山大一世的領導下，透過浴血奮戰終於打破了拿破崙戰無不勝的神話，保衛了祖國。所以1812年俄國的衛國戰爭無論是在世界歷史上還是在俄羅斯歷史上都占有重要的地位。

戰爭不可避免

19世紀初，隨著拿破崙的上臺，歐洲大陸的各個國家都面臨著滅頂的危險。隨著帝國的一步步擴大，拿破崙獨霸世界的野心也跟著無限膨脹，而當時的俄國就是歐洲大陸上最大的一隻「肥羊」，拿破崙時刻都在尋找征服俄國的藉口。幼年時期就比較注意歐洲大陸發展動向的俄國統治者亞歷山大一世很早就識破了拿破崙的陰謀，與此同時，拿破崙也一直沒有找到進攻俄國的機會。直到1810年，俄國解除了對英國貨的限制，反而用提高新關稅率的方式抵制法貨，這一政策的實施，激起了拿破崙的憤怒。雙方的外交衝突和爭霸野心引起戰爭危機。

∧拿破崙和亞歷山大一世的會面

其實，早在1806年～1807年間，拿破崙就曾多次進攻過俄國，也曾給早年的亞歷山大一世所宣導的聯盟軍以重創。其中，在奧斯特利茨的交戰中，俄軍就遭到百年不遇的慘敗。最後，雙方簽署了一個對俄國來說不利的和約。而拿破崙的「五年後我將成為世界的主宰，只剩下一個俄國了，我一

^ 庫圖佐夫在菲利村軍事會議上決定把莫斯科丟給拿破崙

衛國戰爭初期，拿破崙企圖在博羅金諾交戰中消滅俄軍，打開通往莫斯科的道路，迫使俄國投降並接受和約條件。庫圖佐夫為保存俄軍的實力，決定放棄博羅金諾陣地，隨後又放棄莫斯科。

定要擊潰它」的狂言更加激化了法俄矛盾，雙方都知道，兩者之間的戰爭已不可避免。

庫圖佐夫的正確指揮

不可避免的戰爭終於在1812年因二者在對土耳其一戰中的利益分配問題而爆發了。這年6月，拿破崙集結了60 餘萬重兵渡過尼曼河，對俄國不宣而戰，當時俄軍約有24萬人在邊境守護，由於軍事力量懸殊，俄軍被迫後撤，這種情況一直延續到8月法軍攻打斯摩倫斯克。面對當時60多萬勢如破竹的法軍，駐守斯摩倫斯克城的俄軍將領巴克萊將軍下令棄城，使法軍不費吹灰之力就打開了通往莫斯科的道路，這一舉動引起俄國國內的普遍不滿。迫於當時的輿論壓力，亞歷山大一世不得不起用失寵的傑出將領庫圖佐夫，並任命他為俄軍總司令。庫圖佐夫是天才統帥蘇沃洛夫的得意門生，參加指揮過多次重大戰役，因此在俄國人民心中具有重要的地位。

庫圖佐夫一上任，便採取以消耗敵方有生力量為主的防禦戰術，他繼續指揮俄軍有步驟地後撤。同時為緩解國內輿論，改變力量對比關係，他決定在莫斯科郊外的博羅金諾展開決戰。1812年9月7日，當自信的法軍走在博羅金諾村附近時，一聲槍響，由庫圖佐夫領導的俄國士兵們奮不顧身地衝到了法軍中，與法軍展開了生死決戰。在這次戰役中，俄國軍隊作戰勇敢，共殲敵5萬餘人，不過俄軍也損失慘重，雖然雙方都未能給對方以致命打擊，但拿破崙的速勝戰略失敗，他的軍事優勢也大為削弱。

庫圖佐夫在博羅金諾與拿破崙大戰一場之後，深知俄軍也深受打擊，為了保存軍隊的有生力量以進一步誘敵深入，庫圖佐夫於1812年9月13日命令俄軍撤離首都莫斯科，幾乎所有市民也隨同撤離。庫圖佐夫要讓俄國廣袤的國土「像海綿一樣吸乾拿破崙這股洪流」。就在庫圖佐夫帶領莫斯科兵民撤離後的第二天，拿破崙進入了克里姆林宮，當晚大火燒遍全城，這場大火整整燃燒了6天，這成為俄國人心中永遠抹不掉的記憶。

俄軍撤離莫斯科後，在博羅金諾村附近展開運動戰，阻擋法軍向南的去路，並從側面威脅法軍，切斷其同後方的聯繫，同時補充了軍隊，準備反攻。而拿破崙占領莫斯科後，發現他所得到的只是一座空城，四周都是虎視眈眈的俄軍，後方的補給線面臨被切斷的危險，接著，俄國嚴酷的冬天又即將到來。而且，拿破崙的軍隊中爆發斑疹傷寒，「斑疹傷寒」將軍的殺傷力超過任何一位敵將。在試圖與亞歷山大一世和談被拒絕後，拿破崙被迫於10月19日放棄莫斯科並全軍撤退。

^ 庫圖佐夫畫像

庫圖佐夫度過了50餘年戎馬生涯，軍事知識淵博。他是當時西方最有學問的人之一，精通法、德、英、波蘭和土耳其語。他把俄國軍事學術提升到嶄新的、更高的發展階段。

偉大的勝利

這時，俄國的軍事活動已經轉變為一場真正的人民戰爭。農民組成遊擊隊向撤退的法軍勇猛出擊，而在小雅羅斯拉韋茨，狼狽的法軍與俄軍遭遇，轉而沿斯摩倫斯克大道退卻。俄軍和遊擊隊乘勝追擊。12月底，拿破崙逃回巴黎，殘部離開俄國邊境時只剩下3萬人。與此同時，亞歷山大一世迅速組織起了有俄、英、普、奧、瑞等國參加的第六次反法同盟，1813年10月萊比錫一戰，聯軍終於打敗了重新組織起來的拿破崙大軍。亞歷山大一世以「解放者」的身分，同普魯士國王、奧地利首相一起雄赳赳地踏上法蘭西的國土。法國外交大臣塔列朗宣布投降，拿破崙退位，被放逐到厄爾巴島。1814年～1815年，歐洲各國的代表共同召開維也納會議。會議恢復了歐洲往日的君主制度並對歐洲領土再度瓜分。俄國獲得了包括華沙在內的波蘭大片新土地。1815年，俄國、奧地利、普魯士三國君主簽署了以維護封建貴族體制為主的「神聖同盟」條約。這都得益於1812年俄法戰爭的勝利。

∧1812年，拿破崙從俄國撤退。

俄國人民取得衛國戰爭的勝利，不僅拯救了自己的國家，使其免遭奴役，還捍衛了國家的尊嚴和獨立。俄軍在同入侵者的鬥爭中，表現出很高的戰鬥素質，發揚了英勇、頑強和自我犧牲的精神。俄國人民的勝利不僅是對拿破崙大軍的軍事威懾，也是對法國在歐洲建立的政治體系的一個毀滅性的打擊。俄軍在俄國本土殲滅拿破崙「大軍」，以及後來在歐洲國家的領土上作戰，對西歐各國擺脫拿破崙的壓迫起了決定性作用，其中，庫圖佐夫卓越的軍事才華也給世界人民留下了深刻的印象。

VISIBLE HISTORY OF THE WORLD

關鍵詞：尼古拉一世／民主主義

十二月黨人起義

▪ 1825年～1826年

十二月黨人起義是指1825年12月發生在俄國的、反對沙皇專制制度的起義。自從1821年開始，一批具有民主主義思想的貴族軍官就成立革命組織，謀劃起義，主張建立共和國或君主立憲政體。1825年12月14日，亞歷山大一世的突然死亡給了這些貴族軍官一個契機。他們趁著沙皇缺位的短暫空檔，先後在彼得堡和烏克蘭發動起義，均遭失敗。但是，起義在俄國歷史上產生了積極的影響。後來列寧評價這次起義時，認為它是俄國革命武裝起義的起源。

低調的醞釀

在中國南方有一種水果叫椪柑，是橘子的一種，它外表很醜，粗糙的皮捏起來軟軟的，跟金黄的橘子相比，既不如它們看起來好看，又不如它們摸起來果肉緊實。但是種橘子的人卻知道，這種椪柑才是最甜的，尤其是經過早冬寒冷的空氣凍後的果實。俄國的十二月黨人起義就好似這種經過時間沉澱下來的柑子。

亞歷山大一世在執政初期進行了一系列的改革，他任命謀臣米·斯佩蘭斯基著手制訂了一套大膽的改革方案。然而，俄國保守派反對這一方案，最終，這次改革以斯佩蘭斯基被捕而不了了之。1812年衛國戰爭又一次激起了俄國社會活躍分子的激情，到處都在談論政治自由的社會環境，刺激了俄國的貴族青年們，尤其是一些教育程度較高的軍官，他們中有許多人曾隨同俄軍到過法國，看到了那裡與俄國不同的國家體制。出於對國家命運的憂患意識，他們回國後，繼續在自己的圈子裡討論政治問題。這樣，在彼得堡和烏克蘭分別出現了祕密的社會團體。以尼基塔・穆拉維約夫為綱領制訂者的彼得堡北方協會主張限制沙皇的權力並將俄國變成君主立憲制國家。而在烏克蘭的南方協會的領導人帕維爾・佩斯特爾（Pavel Pestel）上將在其制訂的協會綱領──《俄羅斯法典》中，則堅持消滅君主制並建立共和制。這兩個團體祕密地進行活動，時刻都在準備著革命。

^ 聖以撒大教堂天頂

教堂坐落在俄羅斯聖彼得堡市同名的廣場上，是一座由沙皇亞歷山大一世下令建造的新古典主義建築，其建造工程從1818年開始至1858年結束，歷時40年，建築風格恢宏雄偉。

1825年12月1日，在南方塔甘羅格軍港檢閱軍隊的亞歷山大一世突然病逝，8天後，這個消息傳到了聖彼得堡，宮廷內部出現了一片混亂。因為亞歷山大一世沒有子嗣，按照皇統世系，亞歷山大一

^ 十二月黨人廣場

十二月黨人廣場坐落在涅瓦河岸，鄰近海軍司令部大樓，廣場中央有一個圓形的大草坪，中間豎立著彼得大帝騎馬雕像。

世去世後，皇位應該由他的大弟弟康斯坦丁繼承，但康斯坦丁因為同一個與皇族沒有血緣關係的波蘭女子結婚，已宣布放棄皇位。所以亞歷山大一世生前指定了第二個弟弟尼古拉一世為皇位繼承人。但有關詔書在亞歷山大一世生前並未公布，而是密藏於東正教教會、樞密院和國務會議。因此出現了尼古拉一世向遠在華沙的哥哥康斯坦丁效忠，而康斯坦丁堅決拒絕皇位，並根據亞歷山大一世的密詔向在聖彼得堡的弟弟尼古拉一世效忠的場面。因華沙與聖彼得堡相距遙遠，往返書信無法及時送達，因此在俄國形成了十餘天皇位無人繼承的混亂局面。

十二月黨人決定利用這樣一種特殊的形勢，趕在皇位繼承人尼古拉一世舉行宣誓繼位的12月26日前發動軍事行動，迫使新沙皇和樞密院宣布改制。他們選舉了近衛軍團長特魯別茨科伊擔任起義軍總指揮，並且擬定了《告俄國人民宣言》，宣布推翻沙皇政府，立即召開立憲會議，成立臨時政府，同時宣布廢除農奴制，解放全國農奴。

震天的起義

1825年12月14日晨，天氣寒冷，白雪覆蓋了俄國首都聖彼得堡。一清早，3000餘名俄國陸海軍官兵，從各自的營房出發，在十二月黨人軍官的帶領下列隊走向聖彼得堡市中心的元老院廣場。只見他們個個全副武裝，表情嚴肅，刀劍出鞘，一路高呼「拒絕宣誓！」、「反對宣誓！」、「要求憲法！」、「要求民主！」的口號。上午10時，陸海軍官兵們在元老院廣場彼得一世銅像旁布成戰鬥方陣，荷槍實彈，準備戰鬥。到下午時，起義的隊伍除了十二月黨人軍官領導的3000餘名陸海軍官兵外，還聚集了2萬餘名擁護起義的老百姓。他們一致要求阻止尼古拉一世宣誓，發動軍隊，制止參政院向新沙皇宣誓，要求康斯坦丁繼位。然而尼古拉一世早有防備，他在12月14日凌晨就緊急召開國務會議宣布繼位，又命令樞密院議員向他們舉行效忠宣誓。當天傍晚，尼古拉一世就調集了比起義軍多四倍的大軍，

> 聖瓦西里大教堂

位於俄羅斯首都莫斯科市中心紅場南端的聖瓦西里大教堂於1560年建成，緊傍克里姆林宮，由俄羅斯建築師巴爾馬和波斯特尼克根據沙皇和伊凡大公的命令主持修建。

^俄羅斯畫家弗拉迪米爾・費奧多羅維奇的作品《收穫》，色彩純美，構圖奇特，是19世紀末俄國農民現實生活的寫照

從各個方向包圍了起義軍方陣。這時，原定擔任起義軍總指揮的特魯別茨科伊臨陣脫逃而不見蹤影，起義軍和周圍的老百姓處於群龍無首的狀態，在尼古拉一世數次下令開炮之後，廣場上響起了激烈的炮聲、槍聲、人喊聲和馬嘶聲，在強烈的炮火下，許多起義軍被打死、打傷。最終，起義以失敗告終。12月20日，由謝爾蓋・穆拉維約夫・阿波斯托爾和別斯圖熱夫・柳明領導的烏克蘭切爾尼哥夫軍團在特利列斯村發動起義，並占領了瓦西里科夫城。1826年1月3日，起義軍團被戈伊斯馬爾將軍率領的政府軍打敗。起義失敗後，沙皇政府成立了「祕密審訊委員會」，對參加起義的人進行審判。十二月黨人領袖彼斯特爾、雷列耶夫、卡霍夫斯基、穆拉維約夫・阿波斯托爾、別斯圖熱夫・柳明以特等罪被處以極刑。另外，還有數千名起義參加者被處以重刑，其中有121人被流放到人煙稀少、寒冷荒蕪的西伯利亞服苦役。值得一提的是，許多十二月黨人的妻子自願放棄優越富足的貴族生活，離開大都市，跟隨自己的丈夫過長期流放的生活。

十二月黨人起義雖然失敗了，但是它對俄國產生了重大影響，它是俄國歷史上對沙皇專制制度的一次巨大的衝擊，它不同於以往的、以農奴起義為主體的革命，它是俄國歷史上第一次有組織、有綱領、公開反對農奴制度和專制制度的武裝起義。它直接向沙皇政權宣戰，這在以前的俄國歷史上是從來沒有的。同時，這次起義的領導人無論是在文化教育水準、政治素質和遠見、政治鬥爭手段、組織能力等方面均遠遠超過以前。起義雖然失敗了，但是革命黨人的革命精神卻激勵著幾代俄國革命者，並為後來的俄國革命提供了十分寶貴的實踐經驗。

歷史斷面

十二月黨人廣場

在聖彼得堡靜靜的涅瓦河畔，有一座不大的廣場緊靠著它附近的海軍司令部大樓。在廣場的圓形草坪上，矗立著一座彼得大帝騎馬雕像。前來瞻仰這座雕像的人們絡繹不絕，而他們來到這裡的目的卻不僅是為了一睹彼得大帝的雄風，還為紀念一群為了推動俄國民主化進程而奉獻出生命的人們。

19世紀初期，歐洲民主浪潮向東蔓延，這讓一群進步的俄國軍官看見了俄國未來的發展方向，並希望透過自身的力量將俄國引向民主自由的道路。在沙皇政府的高壓統治下，他們開始祕密地籌畫政變。

1825年12月14日，這群激進的軍官在元老院發動了政變，最終卻失敗了。政變遭到沙皇政府的無情鎮壓，參與這場政變的革命黨人也因此付出了慘痛的代價。然而，這場政變對俄羅斯的近代化進程卻產生了深遠的影響。為了紀念這些俄羅斯近代史上的先驅，1925年，後來的蘇聯政府將當初他們發動政變的元老院廣場正式更名為「十二月黨人廣場」——這個原本就因為矗立著因普希金的《青銅騎士》而遠近聞名的彼得大帝騎馬像的廣場，因為這群充滿理想的革命黨人而重新載入了史冊。

專題

俄羅斯文學之初瀾

⊙古典主義⊙現實主義⊙浪漫主義

聞一多曾說過一句話：「詩是社會的產物，若不是於社會有用的工具，社會是不要它的。」這道理也同樣適用於文學。在風起雲湧的19世紀，俄國隨著歷史進程的不斷推進，政治氛圍和社會環境的不斷變化與動盪，俄國的文學也恰恰在這時，開始展現出它在亂世中的迷惘與沉思，以及在沉思中所表現出的、獨特的民族魅力。

19世紀初：熱情與浪漫的年代

1812年，俄國戰勝了當時不可一世的「歐洲皇帝」拿破崙。巨大的勝利喜悅，使得人民群眾內心的民族意識得到了極大的鼓舞。但隨後在西方民主思想東漸的影響下，因十二月黨人起義而引發的社會動盪，又給當時「自信過頭」的民眾澆了一盆冷水。就在這前前後後相互矛盾的心理過程中，人們那種鮮明的心態的轉變，為文學的發展提供了基礎，使得在古典傳統中「轉圈」的俄國文學，有了新的發展。

18世紀末19世紀初，克雷洛夫的寓言和格里博也多夫的喜劇開始在俄國的大街小巷流傳開來，雖然它們在形式上還遵循著以往古典主義的詩藝規範，但對於俄國當時社會中所存在的社會衝突的描寫，在情節、形象、語言的運用上，已經脫離了以往古典主義對形式的強調，開始具有明顯的現實主

▲ 克雷洛夫肖像畫

克雷洛夫是俄國著名寓言家、作家。他的作品多諷刺俄國專制制度的專橫、無知，鮮明的描繪了人民的愛憎，表達了對人民大眾的同情。普希金說，克雷洛夫是「最有人民性的詩人」。

▲普希金、克雷洛夫、柴可夫斯基和格尼迪奇（從左向右）在夏日花園。

義風格。隨後，茹科夫斯基和巴秋什科夫出版的浪漫主義詩歌，則打破了以往以卡拉姆津為代表的感傷主義風格充斥俄國詩壇的局面，而浪漫主義所常用的熱情奔放的語言、瑰麗的想像和誇張的手法讓以往傳統的俄國的知識分子耳目一新，並很快在俄國的文學界獨樹一幟。後來，以雷列耶夫和馬爾林斯基為代表的、謳歌十二月黨人的詩歌，以洋溢著自由與平等思想的文字，將這個時代的熱情與浪漫推向了高潮。

19世紀中期：理性與批判的回歸

隨著1825年「十二月黨人起義」的失敗，沙皇開始對專制的農奴制度進行強化。高壓的政治環境又使得熱情洋溢的作家們冷靜了下來，開始認真思考自己所身處的現實世界。這個時期，俄國文壇最明顯的特徵是：浪漫主義讓位於以冷靜客觀地觀察和描寫現實生活為主要特徵的現實主義。這當中最為典型的，就是著名文學家普希金的轉變。

19世紀20年代下半期之前，普希金的作品極具浪漫主義色彩，尤其是他在南方流放時期。由普希金創作的浪漫主義「四部曲」——《高加索的俘虜》、《強盜兄弟》、《巴赫奇薩賴的淚泉》和《茨岡》標誌著俄國浪漫主義文學創作達到了巔峰。而從19世紀20年代下半期開始，尤其是在十二月黨人起義失敗以後，普希金詩歌的浪漫主義的氣氛就不再濃郁了，取而代之的，是對底層民眾生活現狀的關心。並且在隨後的創作中，他的作品也開始向現實主義轉變。例如隨後完成的悲劇《鮑里斯·戈東諾夫》，就是在他原有的早期文學風格的基礎上，進一步展現了他對人民的歷史作用的思考，標誌著他的現實主義文學風格開始走向成熟。緊接著，他的詩體小説《葉甫蓋尼·奧涅金》則透過在典型環境下對典型人物性格進行塑造的手法，將以「奧涅金」為代表的當時俄國進步的貴族青年所普遍存在的厭惡上流社會，但又遠離人民而無法自拔的矛盾心理暴露無遺，在社會上引起了強烈反響，而小說中許多創新的現實主義寫法，也使其成為俄國現實主義文學的奠基之作。

到19世紀40年代，俄國腐朽的農奴制被推上了社會輿論的風口浪尖，而俄國的未來何去何從也成了各階層人民最為關心的問題。這時，主導俄國文壇的現實主義文學作品對社會的批判力度也開始顯著增加。19世紀30年代末40年代初，果戈里的批判小說《米爾戈羅德》、《彼得堡故事》、《欽差大臣》、《死魂靈》第一部等陸續出版。在這些小說中，果戈里透過對地主階級「猥瑣無聊」的無情揭露和對社會中小人物的悲慘命運以及大城市裡的內部矛盾的深刻描寫，以十分犀利的手法，無情地鞭撻了當時俄國等級制度的腐朽與落後。而在批判現實的同時，民眾對於未來俄國的發展方向的討論也開始激烈起來。這一時期，支持民主革命並嚮往社會主義的著名作家別林斯基，就根據他對俄國的社會文化和歷史興替的認識和研究，建立了他的現實主義美學體系。他在藝術創作上主張藝術的社會功能，堅決反對「純藝術」理論，並在隨後主持《祖國紀事》和《現代人》兩家雜誌社的時候，藉由發表如《給果戈里的一封信》等文章，來闡述他對未來俄國發展的看法，表達了對革命民主主義的堅定信念。

到了19世紀50年代，尤其是當俄國在克里米亞戰爭中慘敗於英法等資本主義國家後，失敗所暴露出的俄國內部制度更多的問題，促使俄國文學從揭露農奴制的落後，開始上升到對整體的俄國落後的封建體制的批判。從屠格涅夫的《羅亭》、《貴族之家》到崗察洛夫的《奧勃洛莫夫》，現實主義文學家們的筆鋒直指地主階級的沒落和別林斯基口中「多餘的人」。隨後，皮謝姆斯基的《一千個農奴》和蘇霍沃・柯貝林的喜劇《克列欽斯基的婚事》，奧斯特洛夫斯基的《肥缺》和《大雷雨》都展現出了俄國上層社會的腐朽與墮落、統治者的昏庸。並且，在這些進步的文學作品中，隨處可見的，就是對封建宗法制崩潰的預示，以及對俄國美好未來的熱切期待。在對現實社會不斷的批判過程中，最明顯的變化就是：貴族知識分子對話語權的壟斷地位被打破，以別林斯基為代表的一大批平民知識分子為了表達他們自己的主張，紛紛開始走向了政治舞臺。

19世紀中後期：批判假自由，擁抱真革命

在廢除農奴制前夕，俄國知識分子開始出現了分化：一派是贊成保留君主制和地主土地所有制，主張對國家進行自上而下逐步改良的貴族自由派；另一邊則是主張透過農民革命的手段來改造俄國，以著名作家車爾尼雪夫斯基為代表。這一時期的俄國文學，尤其是現實主義文學開始從單純的對社會現狀的揭露和對落後的沙俄政府的批判，轉向與新興的資產階級貴族自由派的針鋒相對。表現為從19世紀60年代列舍特尼科夫的《波德利普村的人們》和《礦工》，再到19世紀70～80年代掀起的「到民間去」運動中的格列布・烏斯賓斯基的《鄉村日記》和《土地的力量》。此時的俄國文學已逐漸向社會底層方向發展。儘管在這個過程中，也曾短暫地出現過浪漫主義文學的復蘇及唯美主義文學的誕生，但不可否認的是，直到19世紀末20世紀初，以戲劇《敵人》和小說《母親》為代表的社會主義現實文學的誕生，才標誌著俄國文學開始進入了無產階級文學的階段。而不久以後，十月革命的爆發，則徹底將俄國的文學推向了一個新的時代。

VISIBLE HISTORY OF THE WORLD

關鍵詞：庫圖佐夫／俄土戰爭

隕落的將星——庫圖佐夫

■ 1745年～1813年

在俄羅斯的歷史上，有一個人，他成長在戰火之中，他讓不可一世的土耳其軍隊臣服於布加勒斯特的談判桌前，他讓「不可戰勝」的拿破崙軍隊丟盔棄甲，他的名字被永遠地鐫刻在了蘇聯的勳章之上。他就是——庫圖佐夫。

^ 二級庫圖佐夫勳章

庫圖佐夫勳章設立於1942年，以俄國傑出的統帥庫圖佐夫的名字命名，設有一、二級勳章，主要授予善於計畫並實施方面軍和集團軍的戰役或巧妙地使自己的部隊避開敵人的突擊並順利實施反突擊的軍事首長和指揮員。

炮火中成長

作為軍人的後裔，庫圖佐夫從小就表現出了對軍事，對戰爭的極大天賦：14歲時便在當時的俄國炮兵工程學校畢業並獲得留校任教的資格。隨後，根據他自己的請求，他被調往阿斯特拉罕步兵團任連長。在就任不到一年後，他又因為工作成績突出而被升為大尉，成為雷瓦爾總督的副官。兩年後，庫圖佐夫又被調去了當時俄國赫赫有名的統帥魯緬采夫和蘇沃洛夫的麾下，在他們的部隊中繼續服役。

1768年，第五次俄土戰爭的爆發，為這個年輕的軍官提供了更為廣闊的展現自我的平臺：坑凹墓地戰役、拉爾加河戰役及卡古爾河戰役等讓他初露鋒芒——他很快就因為作戰勇猛、戰功卓著而被晉升為少校，又因為在波佩什蒂戰役中表現突出被迅速提拔為中校。儘管在隨後的舒馬村戰役中，他因右眼受傷被迫暫時離開了前線，但他在傷癒回歸後依然被蘇沃洛夫委以重任——組織軍隊，保衛當時的克里木河沿岸。從那時起，庫圖佐夫完全轉到蘇沃洛夫的麾下，並與這位俄國史上的傳奇將軍在一起共事長達6年。在共事的6年裡，庫圖佐夫和他的戰略思想深得蘇沃洛夫的賞識，而他本人的軍事儲備也因此而獲得了極大的提升。這也為他以後創造性的戰略防禦思想的形成奠定了堅實的理論基礎。

^ 庫圖佐夫畫像

^ 庫圖佐夫的妻子——葉卡捷琳娜·庫圖佐夫畫像

鋒銳受挫

在隨後的幾次俄土戰爭中，庫圖佐夫鋒芒畢露——透過對靈活機動戰術的巧妙運用，他在一次又一次的戰役中給來犯的土耳其軍隊以毀滅性的打擊，並在其中積累了豐富的戰鬥經驗，也提升了自己的軍事理論水準。在18世紀末，「庫圖佐夫」這個名字已然成為當時俄軍戰鬥名將的代名詞之一。

19世紀初，隨著拿破崙征服歐洲的進程不斷加快，俄國也逐漸站在反法同盟的一邊，開始抵抗拿破崙的進攻。1805年，在俄軍與奧地利軍隊的聯合行動中，由於法軍集中優勢兵力攻打俄奧聯軍，奧地利軍隊在尚未與俄軍會師的情況下就敗下陣來，這迫使俄軍不得不獨自面對軍事實力極具優勢的拿破崙軍隊。在出師不利的情況下，庫圖佐夫不得不尋求從布勞瑙到奧爾米茨的撤退，並展開機動行軍，同時，在後撤過程中，他仍成功地在阿姆施泰滕和迪恩施泰因擊退了法軍名將繆拉和莫爾季耶的追擊。這場撤退行動完成得十分出色，極大地保存了俄軍的軍事實力，它還被作為典型案例載入了俄國軍事史。

然而俄軍以外，當時的同盟軍隊並沒完全聽從他的意見。在完成撤退的俄軍還尚未與前來救援的奧地利軍隊會合之前，同盟軍隊便在不耐煩的亞歷山大一世和奧皇法蘭茲二世的催促下倉促地轉向反攻。很快，在奧斯特利茨，準備不足的俄軍就遭到了由蘇爾特帶領的法軍精銳的突襲，庫圖佐夫措手不及，僅僅兩個小時便被法軍打得潰不成軍。自此，庫圖佐夫的軍事生涯急轉直下：戰後，因為亞歷山大一世對他心存不滿，便由此借題發揮，使他一路降職，直到1809年，他被調往立陶宛擔任督軍。在接下來戰火紛飛的兩年，這位胸懷抱負的將軍不得不接受被冷落的現實。

^ 米哈伊爾·庫圖佐夫肖像畫

^ 庫圖佐夫在博羅金諾

1812年夏，拿破崙率軍入侵俄國。戰爭初期，俄軍面對法軍咄咄逼人的攻勢被迫撤退。其後，俄軍在博羅金諾附近預先選定陣地，以切斷法軍通往莫斯科的兩條主要通道。庫圖佐夫決心依託陣地與拿破崙軍隊進行一次決戰。

力挽狂瀾

在庫圖佐夫「賦閒」的兩年裡，拿破崙卻在加緊進行入侵俄國的準備。而此時的俄國，深陷在第七次俄土戰爭的泥潭中無法自拔——前線連連失利，指揮官如走馬燈似地換了一個又一個，卻仍然於事無補。無可奈何之下，亞歷山大一世不得已只能再度將重任委以庫圖佐夫。

臨危受命的庫圖佐夫剛剛到任就發現俄軍犯下的一個致命錯誤——他所統帥的4.6萬人被分散在長達1000公里的戰線上，他當時就提出了意見：「要讓如此廣大的地區，在每一個點上都有足夠的防守力量是完全不可能的。」他當即下令放棄一些無意義的防禦地點，讓部隊迅速集中於一處，以局部的優勢兵力攻擊敵人——他放棄了對土耳其軍隊占據的舒拉姆要塞「既無可能，亦屬無效」的進攻，轉而將部隊撤至魯什丘克地區，製造出俄軍「潰逃」的假像，引誘土軍出擊。果然如庫圖佐夫所料，土軍被俄軍製造的假像所矇騙，離開要塞進行追擊。當他們追擊到魯什丘克地區時，便與等待多時的俄軍相遇。追擊的土軍被俄軍打得措手不及，很快就落荒而逃，向要塞回撤。而正當俄軍進行追擊時，庫圖佐夫制止了他們，並命令他們將構築的防禦工事統統炸毀，很多官兵都大惑不解，庫圖佐夫解釋道：「我們如果追擊土軍，也許會一直追到舒姆拉，但是我們接著又將怎麼辦呢？我們必須回師，和去年的情形相同，比這樣好得多的是鼓舞一個我的朋友阿哈買拜（土耳其首相），那麼，他便要再落入我們的手中了。」果然如他所料，不甘失敗的阿哈貴拜在拿破崙的煽動下將前線的兵員補充至7萬人，並動用其中的5萬大軍，氣勢洶洶地渡過多瑙河，向俄軍發動進攻——這正中庫圖佐夫的下懷。他立即調動部隊對發動進攻的土軍進行迂迴包抄，並猛攻土軍大本營，這讓土軍腹背受敵，立即潰不成軍。庫圖佐夫最終大獲全勝，而土耳其則在兵窮馬盡後不得不在「屈辱」的《布加勒斯特條約》上簽字。1812年，在拿破崙入侵俄國前夕，庫圖佐夫成功地消滅了對手的一個潛在盟友。然而即使如此功勳卓著，對他耿耿於懷的亞歷山大一世仍然撤銷了他在軍隊中的職務，讓他再次回到了從前的莊園。

針鋒相對

在庫圖佐夫又一次被撤職賦閒在家的時候，1812年6月24日，拿破崙率領軍隊發動了對俄國的入侵。戰爭開始的一個月內，拿破崙軍隊長驅直入，猶入無人之境。而在聖彼得堡，急得團團轉的沙皇在周圍人的反復規勸下不得已只能再次讓庫圖佐夫復出，擔任彼得堡義勇軍（後更名為莫斯

< 夜幕下的喀山大教堂

喀山大教堂位於俄羅斯聖彼得堡的涅瓦大街上，由著名建築師安德列・沃羅尼欣所設計，教堂內供奉著喀山聖母像。據說，俄法戰爭時期，元帥庫圖佐夫在反攻前到喀山大教堂內的喀山聖母像前祈禱，聖母托夢給庫圖佐夫：將出現前所未有過的寒流，而這次寒流將迫使拿破崙的軍隊不戰而逃。

科義勇軍）司令。

上任之後，庫圖佐夫很快意識到，拿破崙大軍氣勢洶洶，要想正面阻擋是十分不現實的。於是，他迅速改變戰術，決定以「堅壁清野」的方式與法軍消耗。從博羅金諾開始一直到後面的莫斯科，俄軍採取「焦土政策」，並且不斷地對法軍所占領地區進行騷擾和遊擊。因此，雖然表面上法軍依然在向俄國縱深推進，但實際上，當初那個精銳之師現在早已消磨殆盡、精疲力竭了。由於補給線過長、物資匱乏，法軍部隊的冬裝補給無法滿足前線的需求，士氣變得極其低落。當拿破崙一把火燒掉莫斯科時，庫圖佐夫就已經預見了一個事實：法軍的失敗已成定局。

10月19日，拿破崙從莫斯科撤軍；10月24日，法軍在小雅羅斯拉韋茨的激戰中失利，被迫取道已被自己破壞殆盡的斯摩倫斯克後撤，而在沿線俄軍的遊擊下，撤退的法軍規模越來越小，最終，在別列津納河附近，法軍最後的殘餘部隊被徹底地擊潰，開始向俄法兩國最初的邊界逃竄。當初被認為是不可戰勝的「戰神」拿破崙，就這樣被庫圖佐夫打敗了。

來於戰火，歸於戰火

在拿破崙大軍被擊潰後，俄軍於1813年成功進入西歐。當年那個叱吒風雲的拿破崙，現如今早已日薄西山。同時，一戰成名的將軍庫圖佐夫的健康狀況也在持續惡化，最後，在遠征西歐的路上，一代名將庫圖佐夫終於因病倒下了。作為對他的紀念，他的屍體在防腐處理後被運回了俄國，並安葬在了著名的喀山大教堂。

作為一個一生都與戰爭無法分割的將軍來說，他從小就注定了要與戰火相伴一生。庫圖佐夫經常以臨危受命的方式挽狂瀾於既倒，他又經常在力挽狂瀾之後，以這樣或那樣的方式淡出人們的視線；他既出現在戰火燃燒最凶猛的時刻，又悄然消失於火焰熄滅的時刻。他來於戰火，最終又歸於戰火。

VISIBLE HISTORY OF THE WORLD

關鍵詞：獨裁統治／集權專制

專制沙皇尼古拉一世

■ 1825年～1855年

尼古拉一世是俄國沙皇保羅一世的第三個兒子、亞歷山大一世的弟弟。他的命運不像他的哥哥亞歷山大一世那麼幸運，自1796年出生起，等待他的就是保羅一世的嚴厲管教，以至於他後來所接受的教育，完全偏離了葉卡捷琳娜二世女皇與亞歷山大一世的治國方針。最終，尼古拉一世建立了一個集權專制國家，為後來的俄國革命深深地埋下了種子。

嚴厲的幼年生活

尼古拉一世也是葉卡捷琳娜二世的孫子，他是沙皇保羅一世的第三個兒子。不幸的是，在他還不到5歲時，父親保羅一世就被不滿於其專政的貴族們密謀殺死了，而後他的哥哥亞歷山大一世成了沙皇。

自小失去父親的尼古拉一世並不像他的哥哥亞歷山大一世一樣，受到了比較開明的教育。他的母親費奧多羅芙娜皇后是一個憂鬱孤獨的女子，而父親保羅一世又是一個窮兵黷武的沙皇，所以他自小就深受父親的影響。按照俄國皇家的規定，5歲的小尼古拉一世應該接受教育了，但此時正值父親與哥哥政見相爭的時刻，沒人顧及這個問題，所以他的蘇格蘭保姆萊昂小姐就成了他的第一任家庭教師，這與他的兩位哥哥所受的教育情況是完全不同的。

1802年，小尼古拉一世才開始接受正規教育，他的教師為當時俄國最著名的司令官、陸軍上將之一——拉姆斯多夫。這位名將軍確實是一位好的軍事家，但是他卻不是一位好的教育者，他對小尼古拉一世的教育集中在整日向他灌輸鐵的紀律上，以至於尼古拉一世一直認為：作為一個沙皇，讓別人服從自己比讓別人尊敬自己更為重要。儘管後來他的課程安排有所調整，科目也增加了很多，但是他只對其中的軍事科學感興趣，這使得他後來成了一個卓越的軍事家。另外，他的正規教育後來還被1812年～1815年間的反拿破崙戰爭所中斷，14歲的尼古拉一世被允許參軍。他以後的日子大多在巴黎、西歐和中歐度過。

戲劇性的登基

1825年，亞歷山大一世突然去世。由於亞歷山大一世沒有子嗣，俄國皇室的王位之爭再次上演。

雖然亞歷山大一世去世前立密詔指定新的沙皇繼任人為他的弟弟尼古拉一世，但是按照他們的父親保羅的新繼承法，理應由亞歷山大一世的二弟康斯坦丁繼位為沙皇。不過，康斯坦丁因為娶了一位波蘭平民女子而放棄了皇位繼承權。這一系列錯綜複雜的皇室祕史只有皇室成員及少數幾個大臣知道，所以當亞歷山大一世去世後，全俄國的人幾乎都認為應該由康斯坦丁繼位。但是實際情況卻是——康斯坦丁沒有資格，也沒有意向再爭奪皇位了。而尼古拉一世雖然知道密詔的內容，但為了平息他人的議論，仍然向在波蘭的康斯坦丁表示效忠。因此，出現了身在波蘭的康斯坦丁宣布向聖彼得堡的尼古拉一世效忠，而身在聖彼得堡的尼古拉一世宣布向波蘭的康斯坦丁效忠的戲劇性局面。

兩個兄弟在接替沙皇大位的問題上就這樣彼此推託著，但是國不可

＾油畫《沙皇尼古拉一世在冬季出遊》

一日無君，就在俄國暫時沒有君主的情況下，有一部分具有先進思想的貴族青年們準備發動起義推翻沙皇統治，一時間，俄國政權出現了危機。在此緊要時刻，尼古拉一世於1825年12月14日凌晨，接受大臣們的效忠，宣布繼位。12月26日，發生了十二月黨人起義，尼古拉一世殘酷地鎮壓了這次起義。

獨裁統治

尼古拉一世繼承了皇位後，對貴族失去了信

> 尼古拉一世紀念碑

位於俄羅斯聖彼得堡伊薩基輔廣場上的尼古拉一世紀念碑始建於1856年，由建築師奧古斯特・蒙費朗負責該紀念碑的建設工作，歷時3年，於1859年6月建成。

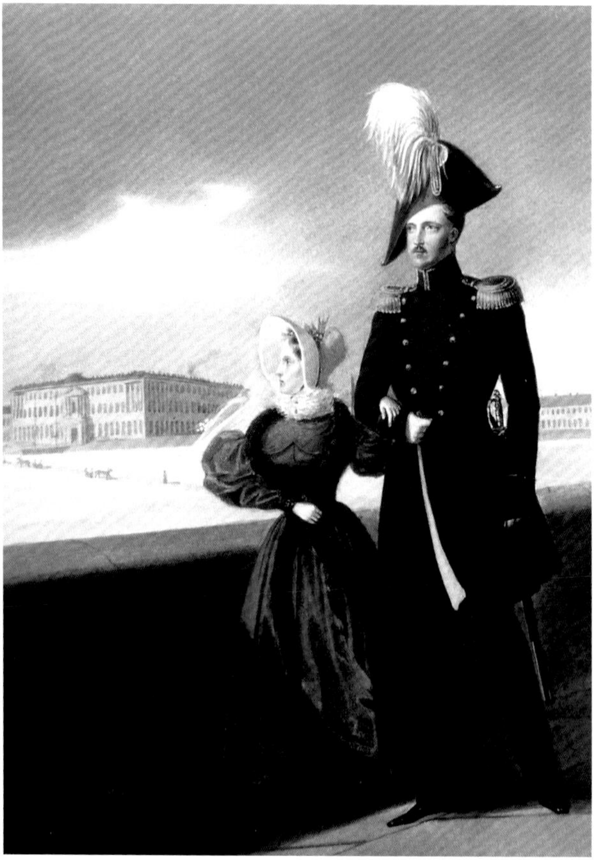

^沙皇尼古拉一世和女兒瑪麗亞・尼古拉耶芙娜

任，再加上從小接受的軍事獨裁教育，所以很自然地開始實行典型的獨裁統治。他採用軍國主義官僚的統治方法，把俄國變成了一個真正的「警察國家」。他把國家的重要事務或者重要程式，如大臣會議、國家杜馬和參政院等都交給軍人解決，並且，他討厭審議、磋商和程式上的拖延，希望自己的意志能夠立即得到執行，為此，他還組織了能貫徹他意圖的特殊機構。這些機構通常是由他的親信組成的特別委員會。

在對人們精神的控制上，尼古拉一世採取強制的措施反對一切自由思想和新思想。他經常親自檢查那些準備付印的作品，而且所有的學校、社會組織、劇院、近衛軍和陸軍都會受到監督，就連人們同國外的往來也受到限制。這些措施還不夠，為了鞏固自己的陣地，尼古拉一世甚至還創造出所謂的「東正教、專制制度、人民性　—烏瓦羅夫三位一體說」的思想，並將其嚴格貫徹到中小學、大學和出版業，旨在培養年輕一代忠於沙皇的專制制度。

尼古拉一世的這種極權的專制制度在少數民族地區也得到強化，甚至連烏克蘭語也受到懷疑並被禁止在學校和教堂中使用。這種政策激起了人民的反抗，所以在俄國，甚至在整個歐洲的土地上，都掀起了一場革命的風暴，但是地位低下的農奴們畢竟沒有沙皇政府的軍隊強大，俄國的農奴起義基本上被鎮壓了。

歷史斷面

亞歷山大二世與《中俄璦琿條約》

亞歷山大二世是尼古拉一世的長子，羅曼諾夫王朝的第十一位皇帝。1855年，當亞歷山大二世初登皇位時，他所接手的俄國還是一個「爛攤子」。彼時，俄國在克里米亞戰爭中的敗局已定，稱霸歐洲近半個世紀的大國形象蕩然無存。為改造落後的工業和政治體制，亞歷山大二世於1861年3月下詔改革，正式廢除了束縛國家發展的農奴制，極大地增強了俄國的綜合國力。

借助廢除農奴制所帶來的「紅利」，俄國在歷經低潮後，再度走上了對外擴張的道路。由於暫無實力與歐洲列強抗衡，亞歷山大二世決意將侵略的矛頭東指。1858年，俄國政府利用中國清政府困於第二次鴉片戰爭的時機，使用誘騙加武力威脅的方式，與清政府簽訂了《中俄璦琿條約》，使中國的領土、主權蒙受重大損害，而俄國則從中獲得了巨大的領土利益和黑龍江、烏蘇里江的航行權，以及通往太平洋的出海口。

正如恩格斯所說：「俄國不費一槍一彈，從中國奪取了一塊大小等於法德兩國面積的領土和一條同多瑙河一樣長的河流。」

VISIBLE HISTORY OF THE WORLD

關鍵詞：詩人／現實主義

「俄羅斯詩歌的太陽」——普希金

■ 1799年～1837年

普希金全名亞歷山大・謝爾蓋耶維奇・普希金，是俄國偉大的民族詩人。普希金是俄國現實主義文學的奠基人，他的抒情詩內容廣泛，既有政治抒情詩，如《致恰達耶夫》、《自由頌》、《致西伯利亞的囚徒》等，又有大量愛情詩和田園詩，如《我記得那美妙的一瞬》、《我又重新造訪》等。除此之外，普希金一生還創作了12部敘事長詩，詩中大膽地表露了俄國農奴制度的弊端及革命的必要性。他被後世人稱讚為「俄羅斯詩歌的太陽」。

燦爛的年少時光

普希金於1799年6月6日出生於莫斯科的一個古老的貴族家庭，雖然當時這個家庭已經有些沒落了，但是依然散發著濃濃書香。普希金的父親有很多藏書，他的叔父也是俄國一位著名詩人，這樣的家庭自然吸引了當時的很多文化名流，所以普希金很小就接觸到了正宗的俄國文化。

與此同時，普希金農奴出身的保姆阿琳娜・羅季昂諾夫娜也給了他很大的影響，他成年後的很多作品中都對沙皇殘酷統治下的農奴表現出極大的同情，就來源於他的保姆阿琳娜・羅季昂諾夫娜一家的困苦生活。

普希金自幼聰慧，在他七八歲的時候就開始學作詩了。1811年，12歲的普希金被送進了貴族子弟學校—— 聖彼得堡皇村學校學習，在那裡，他從進步教師身上接受了不少自由主義思想，並與未來的十二月黨人庫切爾貝克（Wilhelm Küchelbecker）等建立了深厚的友誼。這時，他的詩歌才華也開始慢慢顯露出來。1815年，在中學考試中，他朗誦了自己創作的《皇村回憶》一詩，表現出了卓越的詩歌寫作才能，其詩韻的優美和精巧深得在場的老詩人傑爾查文的讚賞，老詩人預言普希金將會成為俄國詩壇的一顆新星。幾年後，當他的長詩《魯斯蘭和柳德米拉》問世時，大詩人茹科夫斯基也給予了很高的評價，讚歎後生可畏，稱他為「勝利了的學生」，而自稱「被擊敗了的老師」。

^ 童年時期的亞歷山大·普希金

顛沛流離的生活

1817年，接受了6年教育的普希金畢業了，並在聖彼得堡的外交部找到了一份很好的差事。這個時期，普希金的政治生活和文化生活都很活躍，他的思想被十二月黨人及民主自由思想深深感染，創造了《自由頌》、《致恰達耶夫》等讚揚十二月黨人起義的作品，抨擊專制制度、歌頌自由、同情人民的不幸。這種張揚的思想在當時很快就成為統治者的眼中釘、肉中刺。1820年，沙皇政府審判了普希金，並將他流放到了南俄。

普希金於1820年5月來到南俄後，先後在葉卡特琳諾斯拉夫和基什尼奧夫等地逗留，並曾赴高加索和克里米亞等地。流放生活和南方的自然風光給了他很多靈感，成就了普希金浪漫主義詩歌創作的第一個高潮。在這幾年裡，他寫下了4部著名的浪漫主義詩歌：《高加索的俘虜》、《強盜兄弟》、《巴赫奇薩賴的淚泉》和《茨岡》，並開始創作他最為著名的詩體小說《葉甫蓋尼·奧涅金》。

在南方流放了一段時間後，普希金與敖得薩總督關係惡化。1824年，當局截獲了普希金的一封「冒犯」上帝的私人信件，並以此為藉口，將普希金放逐到他母親的領地普斯科夫省米哈伊洛夫斯科耶村，軟禁了起來。米哈伊洛夫斯科耶村十分偏僻，只有老保姆陪伴著他。這期間，他中斷了與十二月黨人的聯繫，但貼近了農奴制度下的農村生活和俄國普通人民。他在這兩年裡經常到集市上去聽農民談話和唱歌，並十分注意收集民間故事和口頭

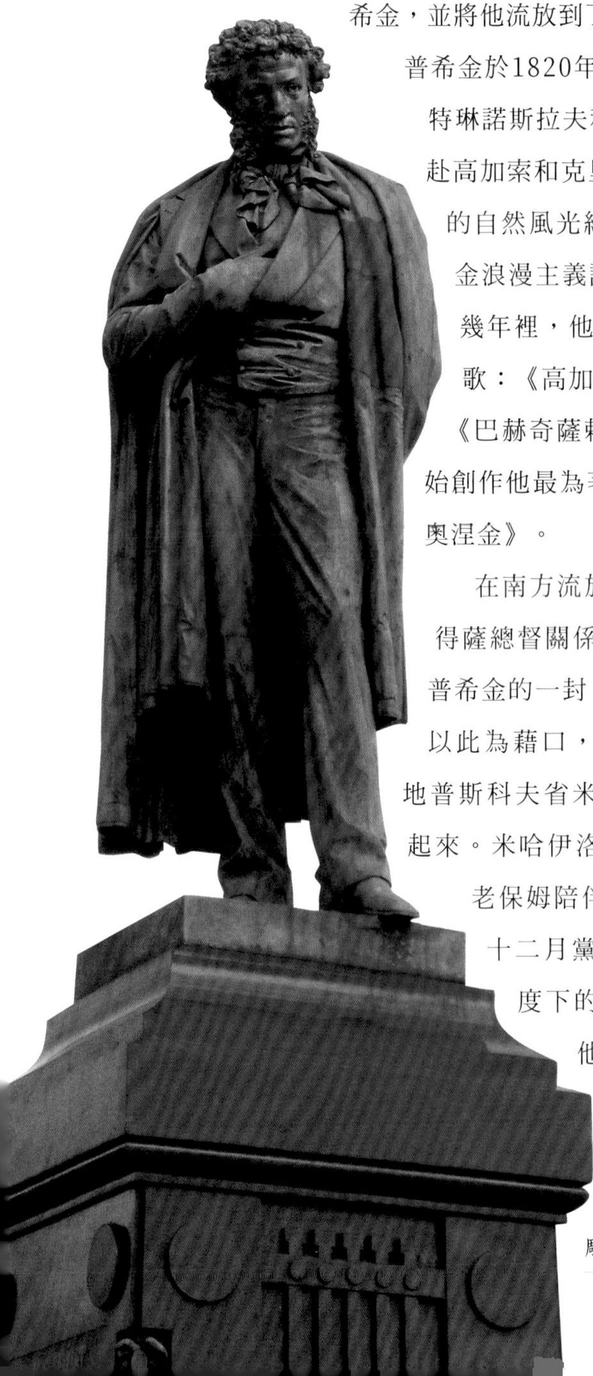

< 莫斯科普希金廣場上的普希金雕像

^ 始建於1898年的普希金博物館坐落於莫斯科市克魯泡特金街。該館收藏了從古埃及、巴比倫直到今天各個時代的54.3萬件藝術品，也是莫斯科現存的規模最大的文學博物館。

傳說。普希金在那裡學習人民的語言，吸取了許多有益的養分，這一切對他後來的創作產生了很大的影響。這兩年裡，普希金創作了不少優秀的作品，如《囚徒》、《致大海》、《致凱恩》、《假如生活欺騙了你》等幾十首抒情詩，還有敘事詩《努林伯爵》，歷史劇《鮑里斯・戈東諾夫》及《葉甫蓋尼・奧涅金》的前6章。這一時期，十二月黨人起義爆發並失敗了，剛剛上臺的尼古拉一世為了拉攏人民，於1826年頒布了命令，允許普希金回到莫斯科，但是普希金仍處於警察的嚴密監視之下。

創作的高峰

1830年，普希金與年輕貌美的娜塔麗婭・尼古拉耶芙娜・岡察洛娃相遇了，她是個遠近聞名的美人，在上層社會也很有名氣，她很崇拜普希金的才華，所以兩人很快墜入愛河並結婚了。可就在兩人在普希金父親的領地波爾金諾進行新婚旅行時，霍亂發生了，一切的交通都停止了，他們被困在了那個寧靜悠遠的地方。霍亂一直持續了3個月，他們被困在波爾金諾也長達3個月。這期間，新婚的幸福及安寧的生活環境讓詩人思如泉湧，創作了大量的作品，成為普希金一生中創作最多的時期。那年秋天，詩人完成了長篇詩體小說《葉甫蓋尼·奧涅金》、《別爾金小說集》、《吝嗇的騎士》、《莫札特和薩列里》、《石客》、《瘟疫流行時的宴會》，長詩《柯洛姆納的小屋》，歷史諷刺故事《牧師和他的工人巴爾達的故事》，還有近30首抒情詩和一些時論性的文章，可謂碩果累累。

但是好景不長，沙皇政府加緊了對普希金的迫害活動。據說是沙皇尼古拉一世慫恿法國籍憲兵隊長丹特斯褻瀆娜塔麗婭，並且命令沙皇政府散布流言，給詩人和他的朋友們寫些侮辱性的匿名信。普希金為了維護自己的聲譽，決定與丹特斯進行決鬥。很不幸，他在決鬥中

^ 根據普希金的作品《葉甫蓋尼·奧涅金》中男女主人公奧涅金與塔提雅娜的人物形象而創作的油畫。

^ 普希金博物館中的珍貴文物之一，1627年荷蘭畫家亨德里克·特爾·布呂根的作品《長笛牧羊人》。

腹部受了重傷。

1837年2月10日，這位偉大的詩人的心臟停止了跳動。俄國進步文人曾這樣感歎：「俄國詩歌的太陽沉落了。」因此，普希金擁有了「詩歌的太陽」的美名。普希金死後，他的遺體被運到了他先前流放過的地方米哈伊洛夫斯科耶村，葬於聖山鎮教堂詩人母親的墓旁。

普希金是俄國最偉大的詩人，他在繼承古代俄國優秀文學傳統的基礎上，在抒情詩、敘事詩、詩劇、小說、童話等文學體裁上提供了優秀的範例。同時，他也是俄國現實主義文學發展過程中的巔峰作家，他的作品成了反映俄國社會的一面鏡子。

歷史斷面

與普希金有關的俄羅斯名勝

在俄羅斯，有許多與普希金有關的風景名勝，其中，普希金廣場和普希金城是比較有特色的地方。

普希金廣場位於莫斯科市中心，是1937年蘇聯政府為紀念俄國偉大詩人普希金逝世100周年而修造的。這個廣場在修建以前曾是苦行修道院，現在的廣場上則聳立著4公尺多高的普希金青銅紀念像，並在紀念像基座上刻有「在這殘酷的世紀，我歌頌過自由，並且還為那些蹇滯的人們，祈求過憐憫和同情」的普希金的詩。

普希金城原名皇村，位於聖彼得堡郊區，因為普希金曾在這裡讀書而聞名。現在這裡有一處普希金文物保護區，區內有一些值得紀念的地點和幾座詩人的博物館。另外，公園內還有一座金碧輝煌的葉卡捷琳娜宮，它建於18世紀50年代，屬於巴洛克建築風格，是彼得大帝之妻葉卡捷琳娜一世為其女兒伊莉莎白女王建造的。聞名世界的琥珀宮亦位於此。

關鍵詞：化學／元素週期律

門得列夫和元素週期律

- 1834年～1894年

德米特里・伊凡諾維奇・門得列夫是人類化學史上最偉大的名字之一。他因為發現了元素週期律而與人類密不可分。而他與元素週期律之間就像上天注定的緣分一般，悠然相遇了，他的人生也因與各種元素打交道而變得豐富多彩、璀璨奪目。

艱難的成長

德米特里・伊凡諾維奇・門得列夫於1834年出生於俄國西伯利亞托波爾斯克市一個中學校長家庭，這個家庭非常特殊，一共有17個子女，其中門得列夫排行十四。門得列夫出生僅數月，他的爸爸就因患上白內障而突然雙目失明，丟掉了校長的職務，這對一個人口眾多的家庭來說無疑是個沉重的打擊。在度過了數月的艱難生活之後，全家決定搬到附近村子的門得列夫舅舅那裡去，因為舅舅在那裡經營了一個小型的玻璃廠。從此，母親就靠與舅舅合辦玻璃廠而勉強維持這個大家庭。

門得列夫從小就跟在玻璃廠工作的工人們打交道，工人們辛勞工作的情景深深地影響了他，使他從小就養成了認真、愛鑽研的性格。另外，門得列夫自幼就有出眾的記憶力和數學才能，讀小學時，對數學、物理、歷史等課程十分感興趣，所以在1841年秋，不滿7周歲的門得列夫和十幾歲的哥哥一起考進了市中學，在當地引起了一陣轟動。進入中學以後，門得列夫接觸了更多的學科，並深深地被自然科學吸引了。中學時期，他曾同老師一起長途旅行，搜集了不少岩石、花卉和昆蟲標本，學

∨門得列夫肖像畫

習成績方面也有了明顯的提高。

但是福無雙至、禍不單行，剛剛有些起色的門得列夫家又經歷了一次上蒼的掠奪。1847年，一場突如其來的肺炎毫無預兆地奪去了門得列夫父親的生命。當全家人都還沉浸在失去親人的痛苦之中時，村子裡的一場大火又把玻璃廠化為了灰燼，一個大家庭的生存問題，驟然擺在了一家人面前。

∧門得列夫設計的，用於監控固體和氣體物質重量的裝置。

在經歷了十幾年的苦難後，門得列夫的母親已經被生活磨練得堅強而有韌勁，接二連三的災難並沒有打倒她。她變賣了家產，繼續供養門得列夫讀書。母親的心裡始終有個願望，那就是一定要讓門得列夫像他的父親那樣接受高等教育。

1849年，門得列夫中學畢業了，母親親自送他前往莫斯科上大學。經過2000多公里艱辛的馬車勞頓後，他們終於來到了莫斯科。因他不是出身豪門貴族，又來自邊遠的西伯利亞，莫斯科、聖彼得堡的一些大學拒絕接受他入學。好不容易，門得列夫考上了醫學外科學校。然而，當他第一次看到屍體時，就暈了過去。他只好改變志願，在父親同學的幫助下，進入了父親的母校——聖彼得堡高等師範學校物理數學系。

母親看到門得列夫終於實現了上大學的願望，便帶著對他的祝福與世長辭了。舉目無親又無財產的門得列夫把學校當作了自己的家，為了不辜負母親的期望，他發奮學習，只用了一年就成為優等生。緊張學習之餘，他還撰寫科學簡評，得到少量稿費以維持自己的日常生活。

1855年，門得列夫以優異的成績從學校畢業，並榮獲學院的金質獎章。畢業後，他先後到過辛菲羅波爾、敖德薩擔任中學教師。在教師崗位上的他並沒有放鬆學習和研究。1875年，他又以突出的成績通過化學學位答辯。他刻苦學習的態度、鑽研的毅力及淵博的學識得到老師們的讚賞，聖彼得堡大學破格任命他為化學講師，當時他年僅22歲。

元素週期律的發現

門得列夫在聖彼得堡擔任化學講師時，他任教的頭兩門課程是理論化學和有機化學。為了講好課，門得列夫決心考察和整理當時正處在探索階段的元素關係問題。

1859年，門得列夫獲得了一個去德國海德堡本生實驗室進行深造的機會。在此之前，當門得列夫還在聖彼得堡高等師範學校讀書的時候，一位很有名的化學教師，曾經熱情地向他們介紹了當時由英國科學家道耳頓始創的新原子論，這為他後來運用物理學方法來研究化學起到了重要作用。1860年，在德國的門得列夫參加了在卡爾斯魯爾舉行的第一屆國際化學家會議。會上，各國化學家的發言啟迪了門得列夫，特別是坎尼扎羅的發言和小冊子為門得列夫提供了他研究問題的必要的參考材料。從此，門得列夫有了明確的科研目標，並為此付出了艱辛的勞動。

門得列夫不分晝夜地研究，探求元素的化學特性和它們一般的原子特性，企圖在元素複雜的特性裡，捕捉它們的共同性。但是他的研究一次又一次地失敗了，可他不屈服、不灰心，繼續堅持下去。1862年，他對巴庫

^ 位於俄羅斯聖彼得堡德米特里的門得列夫紀念碑

油田進行了考察，對液體進行了深入研究，重測了一些元素的原子量，使他對元素的特性有了深刻的了解。

1869年，門得列夫在根據元素綜合性質進行元素分類時，突然發現一些元素性質相似，但它們的原子量並不相近，相反，一些性質不同的元素，它們的原子量反而相差較小的現象。冥冥之中，門得列夫覺得這是研究元素之間關係的一個重要突破口，所以他緊緊抓住原子量與元素性質之間的關係反復測試、不斷思索。他在每張卡片上寫出一種元素的名稱、原子量、化合物的化學式和主要的性質。就像玩一副別具一格的元素紙牌一樣，他反復排列這些卡片，終於發現每一行元素的性質都在按原子量的增大，從小到大地逐漸變化，也就是元素的性質隨原子量的增加而呈週期性變化。第一張元素週期表就這樣產生了。

在門得列夫編制的第一張元素週期表中，還留有很多空格，門得列夫從理論上預言，在這些空格中將有新的元素來填補。就在他預言後的第4年，法國化學家德•布瓦博德蘭用光譜分析法，從門鋅礦中發現了鎵。實驗證明，鎵的性質非常像鋁，也就是門得列夫預言的類鋁。鎵的發現，充分說明元素週期律是自然界的一條客觀規律，也為後來元素的研究，新元素的探索，新物資、新材料的尋找，提供了一個可遵循的規律。

重大影響

門得列夫發現的元素週期律，在化學領域裡像一顆重磅炸彈，產生了重大的影響。但是由於時代的局限性，門得列夫的元素週期律並不是完整無缺的。1894年，惰性氣體的發現，對元素週期律是一次考驗和補充。之後，隨著化學上原子序數關係的發現，進而明確了作為元素週期律的基礎。另外，在元素週期律指導下產生的原子結構學說，也進一步闡明了元素週期律的本質。進而使元素週期律在人們認識自然、改造自然、征服自然的鬥爭中，發揮著越來越大的作用。

＾門得列夫在工作臺上

VISIBLE HISTORY OF THE WORLD

關鍵詞：作曲家／音樂大師

交響樂大師——柴可夫斯基

■ 1840年～1893年

柴可夫斯基，這個聽起來都很優美的名字，代表著俄羅斯最優美的旋律。他是俄羅斯最偉大的作曲家，被譽為偉大的音樂大師，他的音樂也是俄羅斯文化在藝術領域內的最高成就之一。

少年得志

彼得・伊利奇・柴可夫斯基，俄國最偉大的音樂家之一，於1840年5月7日出生於沃特金斯克城（一個現在烏德穆爾特共和國的小鎮）。他的父親是一個冶金工廠的廠長兼工程師，母親愛好音樂，會唱歌，也會彈琴，所以柴可夫斯基從小就受到母親的薰陶，顯示出了非凡的音樂才華。

柴可夫斯基在10歲時聽從父親的安排，進入聖彼得堡法律學校學習法律，畢業後在司法部任職。但是，他真正的興趣卻是音樂。他把學生時代的全部課餘時間都用在了學琴上，並且時常去看歌劇。就算他在司法部工作期間也沒有放棄音樂學習，經常參加社交性鋼琴演奏和創作活動。後來，他深切地明白了他的使命不在法律方面，因此毅然決然地辭掉了工作，全身心地投入到音樂領域。

^ 俄國作曲家、音樂大師——柴可夫斯基

1862年起，柴可夫斯基開始對自己進行專業的音樂訓練。他跟隨作曲家安東·魯賓斯坦在聖彼得堡音樂學院學習，在校期間表現出色，在1866年畢業之後，應他的老師、聖彼得堡音樂學院院長尼古拉·魯賓斯坦的邀請，任莫斯科音樂學院教授，這一教便是11年。在此期間，他時常為講課工作妨礙他的創作活動而感到苦惱，即使這樣，他還是創作出許多優秀作品，其中還包括交響曲、交響詩，如《黎密尼的法蘭契斯卡》、幻想序曲《羅密歐與茱麗葉》、舞劇《天鵝湖》及《第一鋼琴協奏曲》等。

青年時不幸的婚姻

柴可夫斯基的第一首公開演奏的作品是一組舞曲，在1865年9月由小約翰・史特勞斯指揮，受到了人們的熱烈歡迎。這次演出為柴可夫斯基贏得了美譽，也使他成為大眾追捧的對象。而對柴可夫斯基來說，這段時期卻並不好過，隨著越來越高的榮譽的出現，大量的關於他是同性戀的流言也流傳開來，這使他很苦惱。同時，在他的班級裡，有一個叫安東尼雅的學生對他充滿了崇拜與愛慕，一直在追求他。有一說柴可夫斯基被安東尼雅的美貌所吸引，也為了杜絕自己是同性戀的謠言，於1877年與安東尼雅走向了婚姻的殿堂。但是結婚後，現實生活的瑣碎使柴可夫斯基與安東尼雅發現，對方不是自己理想中的伴侶。可想而知，這段婚姻並不幸福，兩人共同生活的歲月讓柴可夫斯基幾乎崩潰，最後兩人不得不以離婚收場。

另外，在柴可夫斯基的一生中，有一位特別的女人不得不提，她為柴可夫斯基的音樂創作提供了資金，並且一生都與柴可夫斯基保持了密切的書信聯繫，卻從不與柴可夫斯基見上一面，這位神祕而偉大的女人就是柴可夫斯基生命中的貴人——梅克夫人。

據說，柴可夫斯基與梅克夫人住得非常近，他們如果願意，步行就可以探望彼此。但是兩個人似乎達成了某種默契，儘管書信頻繁，卻從不見面，即使出現在同一場合，甚至是擦肩而過，他們也都當作互不相識，就讓彼此那麼輕輕地走過去。這樣奇妙的情況人們至今也無法解釋，柴可夫斯基與梅克夫人的交往已經成了一個無人能解的傳奇。

^ 2007年，約吉蒂・多蓮娜和奧拉夫・科爾曼斯伯格在瑞典皇家歌劇院演繹了舞劇《羅密歐與茱麗葉》。

中晚年的極盛創作

柴可夫斯基結婚並快速離婚的經歷，使他的生活發生了重大轉折，並成為他一生中精神最為痛苦的一年，他患了嚴重的神經衰弱症，為此，他辭去了音樂學院的職務，就此永遠結束了繁重的教學工作。此後，他開始在瑞士和義大利的鄉村中靜養，並進入了他一生中創作的極盛時期。

^以《葉甫蓋尼·奧涅金》中的女主人公塔提雅娜形象為題材的畫作

1877年，他開始創作兩部輝煌的作品，一部是歌劇《葉甫蓋尼·奧涅金》，另一部是《第四交響曲》；其中，後者被稱為他的成名之作。這兩部作品是在當時俄國已經進入反動時期，社會思想和藝術的一切進步、民主的表現都受到了殘酷的鎮壓的情況下而創作的。作品反映了沙皇統治下黑暗的反動時期的社會情緒——俄國人民，特別是俄國知識分子感到惶惑不安和不知所措的情緒，以及擔憂著祖國命運和人民生活的心境。但它並不是消極無為的，柴可夫斯基曾在札記中說「從完全聽從命運，轉而對命運發生懷疑，最後決心透過鬥爭克服悲慘的命運」，這表達了他對美好生活的嚮往。

1888年～1889年間柴可夫斯基在梅克夫人的幫助下，訪問了德國、捷克、法國和英國，並與布拉姆斯、葛利格、德弗札克、古諾、馬斯奈等結下了友誼。在這期間，他身心愉悅，創作了大量的令人難忘的交響樂和歌劇，如《第五交響曲》、《曼弗雷德交響曲》，歌劇《黑桃皇后》、《約蘭塔》，舞劇《睡美人》、《胡桃鉗》，還有《暴風雨》、《D大調小提琴協奏曲》、大提琴《洛可可主題變奏曲》，以及各種器樂重奏、鋼琴獨奏、聲樂浪漫曲等，幾乎涉獵了所有音樂體裁。特別是他在1893年夏天創作出的《第六交響曲》，這部交響曲以強烈的「悲愴」情緒為基調，為人們描繪了人生的恐怖、絕望、失敗、滅亡的種種場景，讓人不禁心生悲歎，但同時，這首曲子又是優美的、均衡的，所以成為柴可夫斯基作品中最著名、最傑出的樂曲之一，也是古今交響曲中難得的精品。

或許就是受了這首悲愴曲子的影響，柴可夫斯基在10月16日親自指揮演繹了這部作品後的第5天，突然神祕死亡了。人們對他的死亡議論不休，有的說他是因為不小心飲用了生水而感染了霍亂而死，也有人說他是忍受不了流言而自殺的。但是不管如何，柴可夫斯基的知名度並沒有因為他的死而有所減弱，他的作品流傳至今依舊受到人們的歡迎。

柴可夫斯基創作的音樂作品在民歌和民間舞蹈的基礎上，呈現出了濃烈的生活氣息和民間特色，具有深刻的民族性內涵和現實主義精神。同時，他的作品將深刻的、豐富的內容與完美的表現形式相結合，音樂形象鮮明，音樂語言極富感染力，是現實主義和浪漫主義結合的典範，為俄國的音樂發展樹立了一個讓人標榜的高峰。

關鍵詞：高爾基／自傳體三部曲

自學成才的高爾基

■ 1868年～1936年

高爾基是蘇聯偉大的文學家。他用自己一生的苦難與堅強的意志，為全世界人民譜寫了一首自由的戰歌。《童年》、《在人間》、《我的大學》為我們譜寫的是個人奮鬥的歷程；《母親》中媽媽的形象為我們生動而貼切地描繪了特殊年代裡，母子情感的特殊表達方式……。

艱辛的童年生活

高爾基原名阿列克謝・馬克西莫維奇・彼什科夫，於1868年出生在窩瓦河畔一個木匠家庭。在他4歲那年，父親不幸去世。

出生在窩瓦河畔的高爾基最初接觸窩瓦河是父親去世以後，祖父來接他的時候。高爾基的祖父是一個移民俄國的美國人，他堅毅、勇敢，由開始的駁船縴夫，最後成為一個擁有3座工廠和幾座房子的人。祖父的品質和這種白手起家的經歷在高爾基的一生中產生了重大影響。祖父在家裡是吝嗇且嚴肅的，他對高爾基的教導方式也極為苛刻。在高爾基8歲的時候，他讓這個孩子成了一個鞋匠的徒弟，並自己負擔自己的生活。

^ 馬克西姆·高爾基

高爾基在獨立謀生以後，經歷過無數磨難與困苦，他除了做過鞋店學徒以外，還在輪船上洗過碗碟，在碼頭上搬過貨物，收過破爛，賣過麵包糕點，做過裝卸工人、鐵路工人、看門人、園丁……幾乎所有在他那個年紀能做的活他都幹過，但是他每天還是吃不飽。但在飢寒交迫中，高爾基也沒有忘記學習，每天不管工作到多晚，回到住處的高爾基都會拿出省吃儉用買來的書用心地讀。高爾基透過頑強的自學，掌握了歐洲古典文學、哲學和自然科學等方面的知識，這些書籍和知識在他的流浪生涯中幫他度過了那些孤獨且飢餓的夜晚。

迫於生存的壓力，高爾基從沒有在一個地方穩定地待過。窩瓦河、裏海、阿斯特拉罕、息古列夫山、莫茲多克草原、喀山都曾留下過他的足跡。後來，他還到了頓河、烏克蘭、比勒陀比亞、聶伯河、黑海、克里米亞、庫班、高加索山，在這期間，有無數次奇異的遭遇、邂逅、友誼、打鬥和夜間的懺悔。這些經歷為這位未來的作家準備了豐富的創作材料。

快樂的中青年寫作期

1892年，只上過兩年小學的、時年24歲的高爾基發表了他的第一篇小說作品，那是刊登在《高加索日報》上的短篇小說《馬卡爾·楚德拉》。小說反映了吉卜賽人的生活，情節曲折生動，人物性格鮮明。報紙編輯讀過這篇來稿後十分滿意，於是通知作者到報館去。當編輯見到高爾基時大為驚異，他沒想到，寫出這樣出色作品的人竟是個衣著襤褸的流浪漢。編輯對高爾基說：「我們決定發表你的小說，但稿子應當署個名才行。」高爾基沉思了一下說道：「那就這樣署名吧：馬克西姆·高爾基。」在俄語裡，「高爾基」的意思是「痛苦」，「馬克西姆」的意思是「最大的」。從此，他就以「最大的痛苦」作為筆名，開始了自己的文學創作生涯。

1900年，透過自學成才的高爾基在知識出版社找到了一份工作，此時他透過出版《知識》叢刊結識了大批當時俄國具有民主主義傾向的作家，並經常在刊物上發表一些散文詩。1901年，他在聖彼得堡寫傳單揭露沙皇政府鎮壓示威學生的暴行，號召推翻專制制度，同年發表的散文詩《海燕之歌》，充滿革命激情，被認為是「革命的宣言書」。這一年，他還受革命政黨的委託建立祕密印刷所，為此遭到逮捕、流放。

^ 1900年，高爾基與俄國現實主義作家托爾斯泰合影。

青少年時期漂泊流浪的生活，使高爾基目睹並親身體驗到俄國勞苦大眾在沙皇統治下的艱難生活。在高爾基早期的作品中充滿了對腐朽的舊制度的厭惡。如《切爾卡什》、《柯諾瓦洛夫》和《因為煩悶無聊》等小說，真實、具體地描寫了下層人民的苦難生活，表現了他們對現實的憤怒。而《少女與死神》、《伊則吉爾的老婆子》、《鷹之歌》等作品，則以黑暗與光明的強烈對比，歌頌嚮往光明及為人民大眾的利益獻身的英雄人物，體現了高爾基積極向上的生活態度。

> 位於俄羅斯伊爾庫次克州的高爾基紀念碑

高爾基在作品中極力抨擊沙皇制度的黑暗，揭露資本主義社會的階級剝削和壓迫，受到了廣大讀者的歡迎。這也引起了沙皇政府的恐懼，他們曾幾次監視、拘禁和逮捕高爾基，並將他流放。但鎮壓不僅沒有使高爾基屈服，反而使他更加堅定了鬥爭的意志和決心。

1905年，高爾基加入了俄國社會民主工黨，並於1906年年初祕密離開俄國到美國，在那裡宣傳革命，為黨募集經費。在那裡，高爾基創作了劇本《敵人》和長篇小說《母親》。兩部作品都滲透著對歷史進步的堅定信念，體現了在現實的革命發展中表現現實的創作原則，是公認的社會主義和現實主義的奠基之作。此外，這個時期高爾基還寫了揭露和抨擊資本主義制度的政論《我的訪問記》和特寫《在美國》。

1906年，遠在美國的高爾基得知俄國國內革命失敗的消息後，於秋天從美國到義大利，定居卡布里島。並在第二年5月，和列寧一起參加了在那裡舉行的俄國社會民主工黨第五次代表大會。

此後幾年裡，他創作了《沒用人的一生》、《夏天》和《奧古洛夫鎮》等一批優秀作品，在此期間，由於工作上的關係，他同當時擔任黨中央委員的波格丹諾夫走得比較近，參加了以後者為首的前進派活動，並受其唯心主義哲學的影響，創作了中篇小說《懺悔》、《俄國文學史》等包含著不同程度的「觀念複合」、「經驗組織」和造神論等思想，遭到了列寧的嚴厲批評。經過列寧的指正，高爾基逐漸提高了認識，脫離了前進派集團。

1913年，由於俄國社會主義革命的需要，高爾基結束了8年多的流亡生活回國，完成了自傳體三部曲中的前兩部——《童年》和《在人間》，得到列寧的好評。1921年夏天，高爾基因病復發出國就醫，此後直到1928年，他基本上都住在義大利蘇連多。在這期間，他一邊休養，一邊為培養青年作者及團結不同風格的作家做了大量工作，發表了回憶錄《列夫・托爾斯泰》和《列寧》，完成了自傳體三部曲《童年》、《在人間》和《我的大學》。

^ 位於莫斯科普希金海濱沿岸大街和列寧大街之間的高爾基公園大門

晚年經歷

1924年～1925年，高爾基以19世紀中葉俄國農奴制改革到十月革命的廣闊歷史為背景，創作了長篇小說《阿爾塔莫諾夫家的事業》，生動地描寫了一個家庭三代人的變遷，從心理和道德角度表現了資產階級必然衰落的思想。

1928年回國後，高爾基曾兩次到全國各地旅行參觀，寫了長篇報告文學《蘇聯遊記》。在史達林高度集中政權的影響下，他創作的作品大部分都是表現資本主義的沒落和社會主義的勝利，政治性較強，早期那種個人獨特視角看世界的創造性消失了，此種情況一直持續到1936年高爾基逝世。

高爾基的作品對俄國乃至世界文學都產生了重大影響，他的作品從20世紀初開始陸續被介紹到中國。他的許多小說、劇本和論著不僅有中文譯本，還被編選成單卷、多卷的《高爾基文集》出版。他的文學創作和文學理論觀點，對中國「五四」運動以後新文學的發展起到了重要作用。

歷史斷面

高爾基的座右銘

「如果你在任何時候，任何地方，你一生中留給人們的都是些美好的東西——鮮花，思想，以及對你的非常美好的回憶——那你的生活將會輕鬆而愉快。那時你就會感到所有的人都需要你，這種感覺使你成為一個心靈豐富的人。你要知道，給予永遠比索取愉快。不要慨歎生活的痛苦！慨歎是弱者。人的天賦就像火花，它既可以熄滅，也可以燃燒起來。而逼使它燃燒成熊熊大火的方法只有一個，就是勞動，再勞動。理智要比心靈為高，思想要比感情可靠。青春是一個普通的名稱，它是幸福美好的，但它也充滿著艱苦的磨練。我們若要生活，就該為自己建造一種充滿感受、思索和行動的時鐘，用它來代替這個枯燥、單調，以愁悶來扼殺心靈，帶有責備意味和冷冷地滴答著的時鐘。當上帝剝奪了人類用四肢爬行的能力時，又給了他一根拐杖，這就是理想。」

專題

俄國農奴制度

⊙剝削與奴役⊙農奴改革⊙拉季舍夫

11世紀至12世紀，基輔羅斯的王公、大貴族擁有大量世襲領地，強迫窮人服勞役。這是俄國農奴制度的開始。14世紀至15世紀，莫斯科公國的封建土地所有制發展起來，越來越多的農民陷於被奴役的地位。15世紀下半葉至19世紀上半葉，俄國在以勞役制為主要剝削形式的地主莊園經濟基礎上建立了經濟制度和法律制度。在尼古拉一世統治時期，農奴制更加顯現出它的弊端。到19世紀，新思想的引入漸漸證明農奴制度是俄國改革的首要目標。1861年，全俄進行了農奴制改革，至1917年十月革命的勝利才徹底消滅了農奴制度。在這一過程中發生了許多次農奴起義，其中的拉季舍夫就是一名優秀的反對農奴制的領導人。

農奴制的形成和發展

俄國農奴制的形成和發展是一個長期的過程，最主要的原因是土地原因。在基輔羅斯時代，土地所有制的形式主要是世襲領地，當時的王公、大貴族擁有大量世襲領地，而自己卻不勞動，強迫窮人給其服勞役。到了14世紀至15世紀，莫斯科公國建立了中央集權國家，實行扶植中小貴族的政策，把土地分封給有軍功的人做報酬，但必須為地主履行一定的義務。封地制發展起來，並逐漸代替世襲領地制，成為封建土地所有制的主要形式。

占有土地的封地貴族為了在服役期內從封地上榨取最大收入，竭力加強勞役制，並強制依附農民固守在封地上，使越來越多的農民陷於被奴役的地位。15世紀中葉，個別領地已經出現限制農民出走權的規定。

▲克里米亞戰爭時期的佛蘿倫絲・南丁格爾

農奴制的瓦解

隨著生產力的發展，農奴製成為社會生產力發展的桎梏。俄國農奴的生活狀況越來越惡化，生產率普遍下降。為適應資本主義關係的發展，緩和國內階級矛盾，從19世紀初開始，各種限制和廢除農奴制的法案相繼出現。1803年，頒布了《關於自由農》的法令，允許地主根據自願和贖買的原則解放農奴。1845 年，頒布了《關於義務農》的法令，規定地主有權同農奴簽訂協定，農奴可取得小塊土地，使封地制發展起來，逐漸代替世襲領地制，可是仍然未擺脫農奴制的依附關係。

由於俄國資本主義的發展，克里米亞戰爭的失敗，以及農奴制危機的加深和國內革命運動的發展，沙皇政府被迫於1861年廢除農奴制度，但是，農奴制的殘餘繼續保存下來，直到1917年俄國十月社會主義革命勝利才得以徹底廢除。

反對農奴制第一人

拉季舍夫，本名亞歷山大・尼古拉耶維奇・拉季舍夫，18世紀中期出生在莫斯科的貴族家庭。地主對待農奴的暴行在他幼小的心靈中留下了深刻的印象。

1754 年，7歲的小拉季舍夫被送到莫斯科，先後在貴胄軍官學校以及德國萊比錫大學學習，接受並研究了法國啟蒙思

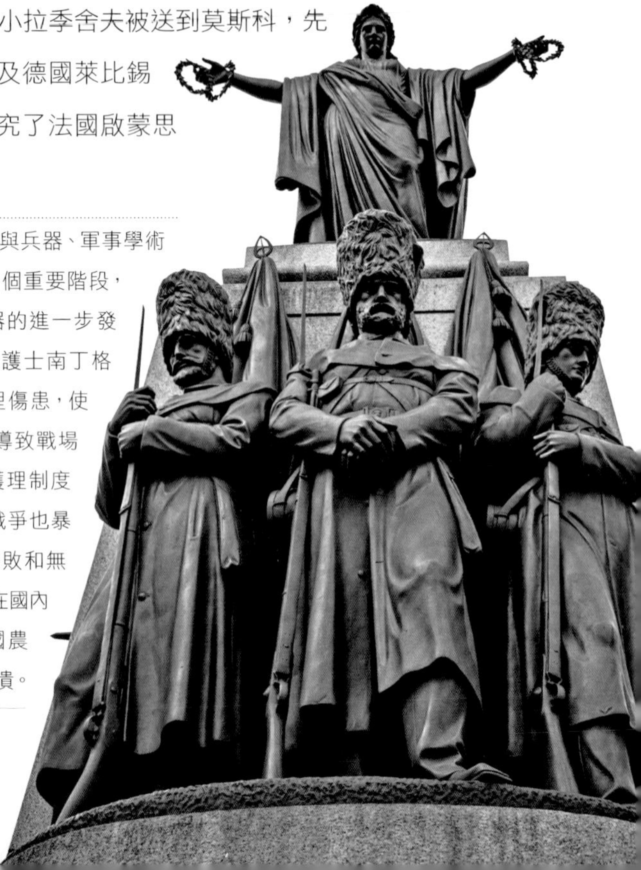

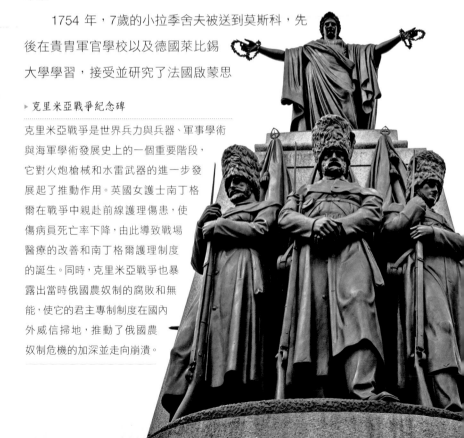

克里米亞戰爭紀念碑

克里米亞戰爭是世界兵力與兵器、軍事學術與海軍學術發展史上的一個重要階段，它對火炮槍械和水雷武器的進一步發展起了推動作用。英國女護士南丁格爾在戰爭中親赴前線護理傷患，使傷病員死亡率下降，由此導致戰場醫療的改善和南丁格爾護理制度的誕生。同時，克里米亞戰爭也暴露出當時俄國農奴制的腐敗和無能，使它的君主專制制度在國內外威信掃地，推動了俄國農奴制危機的加深並走向崩潰。

想以及其他西歐哲學家的思想，這對拉季舍夫的世界觀和政治觀點的形成產生了很大影響。

1771 年9 月，拉季舍夫離開萊比錫回國，並在參政院當了一名錄事，在這期間，他的工作性質使他有更多的機會關注農奴制度並認清其剝削、壓迫和不公正性。1773年，普加喬夫的起義失敗讓他更清楚地看到了自己國家對農奴的殘酷。於是，他憤然辭去工作，開始走上文學救國的道路。

1783 年，拉季舍夫寫下了俄國的第一篇革命詩歌《自由頌》。在這篇頌歌中，拉季舍夫充滿了對專制制度、農奴制的無比仇恨，並對未來人民的勝利做了詳細的描述。此後，他用自己的筆寫了一系列批評俄國農奴制及沙皇專制的作品，如在1790年初發表的《致居住在托波爾斯克的朋友的信》、1789年5月的《從彼得堡到莫斯科旅行記》等。《從彼得堡到莫斯科旅行記》更加直接地披露了沙皇專制和農奴制是一切罪惡的源泉，此書出版不久，拉季舍夫就遭到了沙皇政府的逮捕，並被押到了巴甫洛夫斯克監獄。最後判決是剝奪官銜和貴族稱號，收回四級聖弗拉迪米爾勳章，處以死刑。後來被改判為流放西伯利亞10年。他在流放期間還寫下了《論人、人的死亡和不死》等著作。

由於對沙皇政府還抱有幻想，1801年，拉季舍夫流放期滿，在帶有自由思想的亞歷山大一世的同意下，他回到了聖彼得堡，並成為法律編纂委員會成員。他以極大的熱情投入工作，但還是得不到信任。於是，他利用現有機會，寫了一系列「意見書」、「論法規」的札記和「民法草案」等，希望透過立法活動來改善農奴的境遇。然而他的這些思想引起了他的頂頭上司的嚴重不滿，他再次受到流放的威脅。

1802年9月12日，拉季舍夫服毒自殺，用自己的血肉之軀對沙皇專制進行了無比憤恨的最後抗爭！

第三章

劃時代的革命

進軍遠東，染指中國，捲入第一次世界大戰，沙皇俄國一次次展露它帝國的霸權本質和擴張野心，也一次次遭遇挫敗、陷入危機。更重要的是，這個龐大帝國的內部已經孕育出強大的反抗力量，培養出它自己的掘墓人──它再也逃不脫滅亡的命運。

從1905年的二月革命，到1917年的二月革命、十月革命，沙皇俄國經歷了長期的動亂和激烈的階級鬥爭而終於覆亡。在俄羅斯的土地上，第一個社會主義國家建立，掀起了20世紀的紅色風暴。然而和平發展不過十幾年，俄羅斯人民又將陷入戰火，歷經苦難……。

VISIBLE HISTORY OF THE WORLD

關鍵詞：尼古拉二世／群眾運動

第一次俄國革命

■ 1904年～1907年

19世紀末20世紀初，俄國沙皇專制制度的弊端更加直接地暴露出來。世界性的經濟危機及日俄戰爭的失敗加重了對俄國的打擊，進一步加重了勞動人民的苦難，引發了全國性的群眾運動。還對沙皇政府抱有幻想的人民在經過了「流血的星期天」等殘酷鎮壓後，徹底地認清了沙皇政府的本質，繼而爆發了俄國歷史上的第一次革命。

革命的導火線

19世紀末20世紀初，俄國資本主義發展到了帝國主義階段，但政治制度腐敗。1904年～1905年日俄戰爭中沙俄軍隊的慘敗，以及沙皇政府專制對國內人民的殘酷壓榨和當時歐洲發生的經濟危機，使俄國成為革命風暴的中心。

一進入20世紀，世界經濟危機就來了，大量的工廠停業倒閉，使俄國工業幾乎全部停滯。1905年1月22日，正是俄國西曆的星期天，清晨的聖彼得堡風雪交加。15萬失去了工作、生活艱難的工人和家屬扶老攜幼，

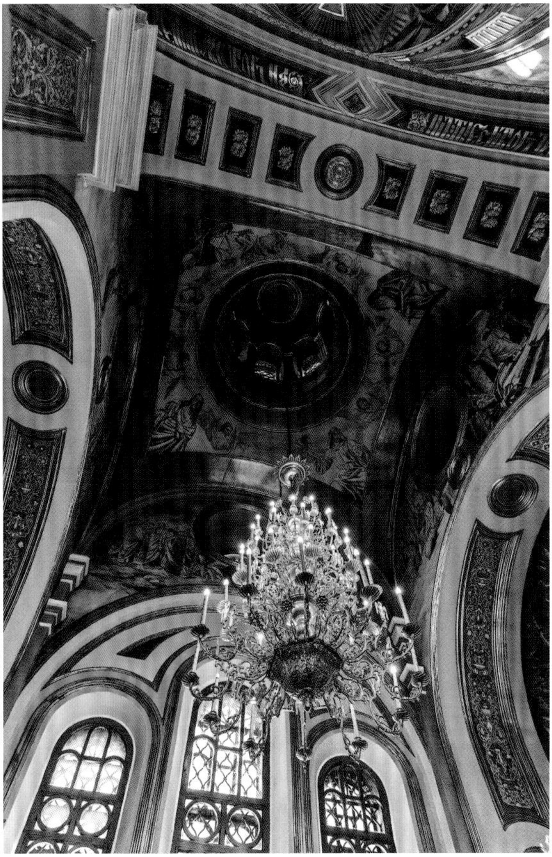

^ 俄羅斯伊爾庫次克市的教堂內景

前往冬宮。他們舉著請願書、聖像和沙皇尼古拉二世的畫像，唱著東正教禱告歌，在冬宮廣場聚集，準備向沙皇政府呈遞人民請求實行代議制議會、免費教育、8小時工作制、增加工資、改善工作條件的請願書。

但是撫慰手無寸鐵的工人的不是笑臉，而是槍彈和鐵蹄，正當請願者要求沙皇派人來談判的時候，趕來的軍隊突然向手無寸鐵的工人開槍射擊，許多請願者當場死在了聖彼得堡街頭，還有許多人受傷，工人們的鮮血幾乎染紅了整個聖彼得堡街道，史稱「流血的星期天」。「流血的星期天」打破了沙皇「仁慈小父親」的傳統形象，人民憤怒了。以沙皇為代表的貴族階級與被壓迫的人民之間的矛盾終於爆發了，並形成了1905年～1907年的革命高潮。

革命的浪潮

「流血的星期天」激起了全國人民的極大憤

慨，人們對沙皇的信任全部化為烏有，沙皇對請願工人的殘酷鎮壓，使人民對沙皇政府的敵視、憤懣達到了頂點。事件之後，首都和各大工業中心紛紛舉行大罷工，抗議政府的倒行逆施。為了暫且平息俄國人民的怒火，尼古拉二世宣布準備透過選舉成立一個政府諮詢機構，但對此，工業、農業、商業人士，甚至地方政府都不滿意。4月，人民要求召開制憲議會，並以罷工的形式慶祝「五一」節。

1905年6月，俄國在日俄戰爭的失敗，以及對和平請願的人民的鎮壓終於激起了俄軍的不滿。6月14日，俄國黑海艦隊的「波將金」號鐵甲艦水兵決定自發舉行起義。6月27日，起義者在槍斃了一批最可恨的軍官後，樹起了革命紅旗，將軍艦開到了舉行總罷工的敖得薩聲援罷工工人。

當時「波將金」號是俄國海軍中排水量最大、火力最猛的鐵甲艦，也是黑海艦

< 俄國革命時期的沙皇尼古拉二世與家人

從左至右：奧爾加、瑪麗亞、尼古拉二世、亞歷山德拉・費奧多、安娜塔西亞、阿列克謝和塔蒂亞娜。現在，這張原始照片仍在俄羅斯聖彼得堡的隱士廬博物館展出。

隊的主要艦隻，它的起義震怒了沙皇。沙皇政府立即調動黑海艦隊的其他艦艇前來鎮壓，誰知道派去鎮壓的許多水兵都十分同情起義者，當他們的軍艦靠近「波將金」號時，周圍響起了一片「烏啦」聲，艦隊司令驚恐萬分，連忙下令所有艦隻掉頭撤回。這次「波將金」號成功地聲援了工人罷工。但是不久後，俄國政府就下令哥薩克騎兵進入敖得薩以武力鎮壓反叛。最後，由於物資短缺，「波將金」號駛入羅馬尼亞的中立港康士坦塔，尋求政治庇護。第二年被引渡給沙皇政府，許多水兵都被判處重刑。

以「波將金」號戰艦為首的水兵起義宣布失敗了，但是更多的革命浪潮在俄國海軍中洶湧澎湃、此起彼伏，「奧恰科夫」號和「亞速夫紀念」號巡洋艦及其他軍艦的水兵奮起參加革命鬥爭。後來，列寧評價水兵起義的時候說，這是沙皇軍隊中第一次群眾性的革命運動，可見「波將金」號水兵起義的重大意義。

在「波將金」號戰艦水兵起義的同時，在莫斯科、里加、華沙和梯弗里斯等地也都爆發了群眾性的罷工，俄國各地的農民騷動此起彼伏。沙皇政府決定讓步，1905年8月6日，沙皇政府宣布選舉程式的法令，這引起了人民更大的抗議。10月，起義達到高潮。參加政治總罷工的不僅有產業工人，還有來自社會中下階層的人士，10月7日開始的鐵路工人罷工發展成總罷工，在伊萬諾沃－沃茲涅先斯克成立了第一次工人代表大會，又稱「蘇維埃」；以後莫斯科、聖彼得堡、敖得薩都相繼成立蘇維埃。

尼古拉二世面對人民日益高漲的起義情緒，於10月17日發表「十月宣言」，許諾給人民以人身不可侵犯權、言論、出版、集會和結社自由，宣布召開立法性的「國家杜馬」；沒有「國家杜馬」的同意，任何法律無效。這就是說，要在俄國實行君主立憲制。這是1905年俄國革命取得的一個勝利。當時革命派依然對沙皇政府的姿態採取不合作的態度，但溫和派的要求得到了滿足，於是罷工停止。11月月底，沙皇政府採取行動逮捕了彼得堡蘇維埃主席——孟什維克的赫魯斯塔廖夫・諾薩爾；12月，又占領了蘇維埃辦公大樓，逮捕了蘇維埃主要領導人——托洛斯基，這一系列的動作，無疑預示著沙皇政府的報復剛剛開始。於是，12月10日，已經停止罷工的工人們又拿起武器，開始建造街壘。莫斯科街頭的街壘戰持續了10天。但起義很快被鎮壓下去了，其他城市的武裝起義也遭遇了失敗。1906年春天，全國被關押和流放的人數超過了5萬人。討伐隊殘酷地鎮壓了農民的暴動，軍事法庭將罷工者判處死刑，而政府又重新控制了西伯利亞大鐵路和軍隊，革命基本結束。

1907年，轟轟烈烈的第一次俄國革命經過兩年的鬥爭結束了，但是這次革命並沒有勝利者。雖然革命者們迫使沙皇政府做出一些改革，例如制定了《基本法》，產生了「國家杜馬」——國會。從此，政治活動合法化，政黨進一步發展起來，但是首相斯托雷平先後兩次解散國會，國會建立議會政府的議案的失敗了，說明工人革命並沒有取得勝利。

歷史斷面

斯托雷平「改革」

從1906年開始，斯托雷平在沙皇政府的支持下開始進行改革。1906年8月4日，他發表《政府公報》，宣布沙皇政府毫不猶豫地用暴力與革命相對抗，並頒布了設立戰地軍事法庭的法令。在進行了一系列的鋪墊工作之後，斯托雷平開始推行俄國現代化改革——採取破壞農民村社，培植富農經濟，並向亞洲地區國有土地移民的措施，繼而達到在保留地主土地私有制的條件下，強制破壞農民村社，培植和建立富農這一沙皇專制制度在農村的支柱，把貧苦農民群眾變成雇傭勞動力的強大後備軍，破壞了農民的生活環境，卻為俄國農業資本主義的迅速發展創造了條件。

總的來說，1905年的俄國革命儘管失敗了，但它仍具有重要的歷史意義。它是俄國歷史上第一次資產階級民主革命，也是世界歷史上第一次由無產階級領導的資產階級民主革命。正是在此次革命中，聖彼得堡的工人創建了新型的革命機關——工人代表蘇維埃，這種組織形式在革命過程中得到了廣泛傳播，全國各大城市也都成立了工人代表蘇維埃，為俄國1917年社會主義革命奠定了基礎。連列寧也說：「沒有1905年的『總演習』，就不可能有1917年十月革命的勝利。」

聖彼得堡宏偉、華麗的冬宮廣場，曾是1905年和1917年兩次革命爆發的地點。

∨ 聖彼得堡冬宮廣場

冬宮廣場被沙俄時代的豪華建築群包圍，呈現出整體性和協調性，特別是廣場北側的冬宮，四周圓柱林立，房頂矗立著100多尊雕像和花瓶，冬宮淡綠色的牆壁、白色圓柱和金色雕塑群，為廣場增添了一層絢麗的色彩。

專題

馬克思主義的傳播

⊙馬克思⊙革命運動

當沙俄在國內大搞言論管制時，正躺在病榻之上的俄國思想家別林斯基就已在《德法年鑑》上讀到了馬克思和恩格斯發表的文章；當亞歷山大一世還在國內鎮壓革命黨人時，以安南科夫，巴枯寧為代表的俄國西方派學者就先後與馬克思建立了個人聯繫；當沙俄政府還正沾沾自喜於俄土戰爭的勝利時，越來越多流亡西方的俄國革命者開始與馬克思密切地往來；而正當沙俄政府滿足於所謂「歐洲警察」的地位時，殊不知，它的「掘墓人」——無產階級已慢慢覺醒了。

「落在草垛上的火星」

1870年年初，第一國際俄國支部在日內瓦成立。雖然這一支部人數不多、影響也很小，但這卻意味著馬克思主義開始正式登上了俄國革命的舞臺。尤其是當19世紀60年代末70年代初，當俄國國內的革命運動陷入低潮時，來自西方的馬克思主義的學說就成功地引起了包括民粹主義者在內的一大批國內革命者的注意。

很快，諸如《共產黨宣言》、《資本論》等一系列的馬克思主義著作，就開始或祕密或公開地在俄國國內發行。於是，馬克思主義學說猶如一股新的風尚，開始席捲俄國的大街小巷，就如民意黨執行委員會給馬克思的信中所說的那樣：「《資本論》已經成為有教養的人手頭必備的書籍。」

從幕後到台前

▲卡爾・馬克思

即使馬克思主義學說在俄國已經被許多知識分子所接受，但在他們眼中的馬克思主義理論，多數情況下也只是一種為他們的政治目的而服務的工具，而不是推翻沙皇專制、實現國家解放的一種綱領。於是，在俄國思想界，對馬克思主義學說的曲解、否定甚至是詆毀，都開始愈演愈烈。儘管這其中有些人站出來為馬克思主義伸張，但他們的思維仍然沒能擺脫民粹主義、無政府主義對他們的束縛。而這些關於馬克思主義的觀點與看法，從某種程度上也反映了以民粹主義為代表的俄國大多數革命家對馬克思主義的認知程度。

而熟知人類社會發展規律的馬克思和恩格斯，自然對這些民粹革命家的世界觀的弱點和矛盾心知肚明。不過他們同時也認為，這種不成熟的思想是與當時俄國的生產力水準相匹配的。所以，在面對民粹主義者無端的曲解與指責時，無產階級的革命導師們更多的是給予他們必要的忠告與支持。尤其是在對巴枯寧主義和對涅恰耶夫主義的批判時，這對於糾正革命家頭腦中的無政府主義傾向有重要意義。

此後，馬克思開始更加關注俄國的革命運動。1875年，在馬克思的贊成和大力支持下，恩格斯在《流亡者文獻》中，與俄國的一些如拉甫羅夫、特加喬夫等著名民粹主義領袖就革命理論、俄國的發展道路等俄國知識界普遍關心的問題進行論戰。除此之外，他還對俄國的革命前景等，發表了自己的諸多看法。比如，在俄國的發展道路上，他就表達出了他對俄國已經出現的「資本主義民族」趨勢的關切，以及對俄國未來的發展方向的謹慎態度：與民粹主義的觀點不同，馬克思認為俄國在進行社會革命前還要經過民主革命的洗禮。而當以查蘇利奇為代表的一批革命黨人在表達了渴望聽到馬克思對俄國革命、俄國未來發展的看法後，馬克思也以十分嚴肅的態度向查蘇利奇表達了他自己的觀點。他指出，俄國未來的發展，尤其是俄國土地公社

▼位於德國柏林的馬克思、恩格斯雕像

馬克思－恩格斯廣場是德國首都柏林市中心的一個公園，得名於1848年《共產黨宣言》的作者——現代社會主義的創始人馬克思和恩格斯。這個公園是由德意志民主共和國政府興建於1986年。

的發展應當建立在西方已勝利的無產階級革命的支持下才能發展。換言之，馬克思透過這一機會，已經開始間接地對民粹主義者關於土地公社理想化的空想給予了批評。

就這樣，在馬克思主義與民粹主義不斷的較量中，一直到19世紀80年代初，馬克思主義在廣大的革命青年中的影響力越來越大，有越來越多的人開始相信：只有馬克思主義，只有在馬克思主義領導下的無產階級才能實現俄國的解放與新生。而也正是在這種意識不斷覺醒的過程中，馬克思主義在俄國的力量也在開始從革命舞臺的幕後走向了台前。

勞動解放社——革命的引路人

19世紀80年代，當俄國已經完成資本主義改造，走上了資本主義道路，享受到資本主義暫時帶來的「甜頭」時，曾喧囂一時的民粹派理論卻因為自身的矛盾而被徹底打趴下了。與此同時，伴隨著資本主義的壯大而產生的馬克思主義卻在俄國獲得極大的發展和鞏固——貧富差距的拉大，無產階級的產生與壯大，使得越來越多的革命青年投入到無產階級革命的陣營。這時，對於革命者給予必要的、系統的理論指導就顯得尤為重要。於是，一個新的革命組織——勞動解放社就應運而生了。

説起勞動解放社，就不得不談及他的一個主要創始人——普列漢諾夫。作為一個曾經的民粹主義者，他在年輕時就廣泛地接觸了俄國革命民主主義者的著作，其中也包括與馬克思主義相關的著作，這些從他在19世紀70年代所寫的那些理論文章中就可看出。而自從他1880年被當局驅逐，開始流亡西歐時，他就開始廣泛地投入到西歐的許多工人運動中去，這也加強了他對工人階級的認識，同時促使他開始了對馬克思主義更為系統的研究。在流亡中，他和與他有著相似經歷的革命家們一道，成立了勞動解放社，開始了對馬克思主義學說的宣傳。

而勞動解放社在成立之初的首要活動就是將馬克思主義的許多著作翻譯成俄文，便於為那些在國內的革命青年提供理論支持，並加強對科學社會主義的宣傳。因為在普列漢諾夫看來，出版理論著作是宣傳馬克思主義的一種十分有力的手段。故在一開始，勞動出版社就出版了如《工人叢書》等一系列進步書籍，並取得了十分顯著的效果。正是普列漢諾夫等人的努力，奠定了俄國馬克思主義流派形成的基礎。

燎原的星星之火——列寧主義的誕生

在隨後的對馬克思主義的宣傳中，儘管資本主義在俄國正處於飛速發展時期，俄國社會正開始進入轉折時期，俄國國內也曾出現過諸如「合法馬克思主義」等怪胎，但這些並沒有阻滯俄國先進知識分子們對國家發展道路的探索。就在這個社會大變革的時代，一個名叫列寧的青年的世界觀開始不斷地形成並完善。

在第一代馬克思主義者的探索下，越來越多的青年開始認識到，俄國已經走上了資本主義的道路，無產階級的形成已是個不爭的事實，而與資產階級做鬥爭，是俄國無產階級的必然選擇。在透過對馬克思主義理論進行了深入研究，並與現實生活中的革命活動相結合後，年輕的列寧就慢慢地在俄國後來的革命風暴中嶄露頭角。

19世紀90年代中期，以伯恩施坦為首的修正主義大肆修正甚至否定馬克思主義基本原理時，列寧就結合了當時的社會經濟和政治現實提出了自己的觀點：資本主義正過渡到一個新的時期——由於階級對抗的加深，資本主義社會表面的和平將被革命風暴徹底撕碎。他認為，馬克思主義的重點應是無產階級的階級鬥爭與專政。無產階級應當用暴力的手段而非妥協去從資產

▲俄羅斯著名畫家康斯坦丁・馬科夫斯基的作品《耶誕節占卜》。畫作以高超的構圖方法、精湛的調色技巧和造詣極高的繪製效果在以「貴族生活」為題材的作品中脫穎而出，獲得了巨大的成功。

階級手中奪取政權。對於當時國際工人隊伍中普遍存在的一種觀點，即只有由工人階級構成的人民占大多數的時候，無產階級才有可能奪取政權，實現專政，列寧卻提出了不同的觀點，他認為：「無產階級在歷史運動中的力量遠較它在人口總數中所占的比例大。」而除此之外，列寧還在對社會主義革命的認識、資本主義統治下農民的作用等方面提出了自己的觀點，從而為列寧主義的誕生奠定了基礎。

1917年，俄國國內形勢則發生了巨大的改變，正如我們所知道的那樣：沙皇被逮捕了，資產階級被趕跑了，屬於無產階級的紅旗開始飄揚在了俄國的上空。歷史翻開了新的一頁，而馬克思主義在俄國的傳播與發展也進入了一個新紀元。

VISIBLE HISTORY OF THE WORLD

關鍵詞：二月革命／十月革命

紅色的十月

■ 1917年～1918年

1917年11月7日，冬宮。

在一天的激戰後，滿城狼藉的聖彼得格勒突然陷入了莫名的寂靜之中，寂靜得依稀可以聽到涅瓦河拍打著河道所發出的聲響。而在街道上，到處都是斷壁、殘垣及印著《告俄國公民書》的宣傳紙。宮牆內，有一群人在等待、在驚慌；而宮牆外，也有一群人在等待、在守望——他們在等待一個信號，讓他們能像殘垣之中的火焰那樣越燒越旺。

彼得格勒的「二月」

隨著第一次世界大戰的戰火越燒越旺，作為協約國的沙俄因為指揮不力等原因在與德國的交戰中一直處於劣勢。而在國內，戰爭的失敗使得沙皇政府開始剝削那些本已被生活的重擔壓得喘不過氣的窮苦人民。沙皇政府印發鈔票、提高稅收，盧布因此大幅貶值；延長工時，降低工資標準，工人們苦不堪言；為了滿足前線巨大的消耗，政府還大肆搜刮糧食、囤積貨物，讓麵包店外的長隊越排越長！終於，廣大貧苦百姓再也無法忍受政府對他們底線的挑釁。於是，在彼得格勒工兵蘇維埃的領導下，那些反對飢餓、反對戰爭甚至反對沙皇制度的革命運動便在全國各地廣泛地開展起來。這一切，為即將到來的「二月革命」奠定了堅實的群眾基礎。

1917年2月22日（俄曆），聖彼得堡普梯洛夫廠，正在思考如何與工廠主鬥爭的工人們像往常一樣去普梯洛夫廠上班，卻發現大門緊閉，工人們無法進入，一怒之下，他們成立了臨時罷工委員會，並呼籲所有聖彼得堡的工人們加入罷工的行列。這個呼籲很快得到了大多數無產者的回應——罷工的範圍越來越大：企業、商店、餐廳……幾乎整個聖彼得堡的勞動者們都加入了進來。

^沙皇尼古拉二世

罷工的浪潮波及的範圍越來越大，就連執行沙皇尼古拉二世政府鎮壓命令的軍警也倒向了工人一邊。當年呼風喚雨的沙皇政府如今也無計可施，顯赫一時的尼古拉二世真的成了孤家寡人。而接下來的抗議活動規模越來越大，直到演變成了大規模的起義。起義的過程十分順利，成千上萬的工人只花了一天時間便基本控制了整個城市。

伴隨著窗外響起的陣陣起義槍聲，絕望落寞的尼古拉二世在瑪麗亞宮組織召開了最後一次會議，希望將皇位傳給自己的弟弟米哈伊爾親王。但深知沙皇體制已不得人心的米哈伊爾親王卻拒絕繼位登基。就這樣，尼古拉二世的大臣們在會議之後即被逮捕，維繫了304年的羅曼諾夫王朝壽終正寢了。

沙皇政府倒臺以後，出現了兩個政府：一個是由代表資產階級的「杜馬代表委員會」建立起來的臨時政府，另一個是在革命中發揮了重要作用的彼得格勒工兵蘇維埃。在臨時政府掌管了整個俄羅斯的大權以後，彼得格勒工兵蘇維埃卻分裂成了布爾什維克（多數人）和孟什維克（少數人），而後者很快就倒向了臨時政府一邊。

^ 布爾什維克黨的創始人、十月革命的主要領導人列寧

在全面奪取政權後，資產階級臨時政府就露出了它的本來面目：對外繼續維持著與同盟國之間的戰爭，而對內則開始壓迫布爾什維克——因為他們深知，一個擁有赤衛隊武裝的布爾什維克對於他們而言意味著什麼。尤其是在7月對德冒險的軍事行動徹底失敗後，臨時政府對於赤衛隊的恐懼更是與日俱增。終於，在保皇軍官拉夫爾・科爾尼洛夫衝擊彼得格勒失敗後，為了挽回自己領導失敗的頹勢，臨時政府的部長們坐不住了：他們以臨時政府的名義開始了對布爾什維克的打壓；在他們的請求及授意

下，英國艦隊入侵波羅的海，而尤登尼奇的白軍也於5月中旬開始向彼得格勒發動進攻——一切反動勢力正在被重新調集，一場針對布爾什維克的謀殺近在眼前！

十月的炮聲

在臨時政府的高壓之下，布爾什維克黨的組織機構不得不轉入地下，並開始與臨時政府進行激烈地抗爭。當對德作戰慘敗的消息傳到聖彼得堡之後，憤怒的工人們在布爾什維克的領導下再次走上了街頭，表達對臨時政府的不滿，結果卻遭到了臨時政府的無情鎮壓。於是，剛剛形成的、政治上的表面和平就這樣被打破了。因為對臨時政府心存不滿，各地都開始了大規模的罷工及抗議活動，導致原本就令人失望的國家經濟雪上加霜，國內情況急劇惡化。糟糕的經濟、遲緩的物資供給，使憤怒的工人們對政府的不滿達到了新的頂點——一場偉大的革命風暴即將來臨。

1917年11月6日夜，一個裹得嚴嚴實實的中年人在一群低調的赤衛隊員的護送下，從聖彼得堡的嚴寒中走進了斯莫爾尼宮，他徑直走向了燈火通明的大廳，站在講臺上，不急不徐地摘下了圍巾，說：「我是弗拉迪米爾・列寧，現在我提議向聖彼得堡的資產階級發動我們的反擊！」他說話的聲音並不高昂，但卻傳遍了聖彼得堡的大街小巷。一時間，「起來，飢寒交迫的奴隸」的歌聲從城市的各個角落裡響起，街上開始不斷地湧出手持武器的人們：男人和女人，老人和小孩，所有聖彼得堡的市民們都上街了！

1917年11月7日（俄曆10月25日）隨著起義信號的發出，早已迫不及待的赤衛隊和糾察隊、工人和農民們開始浩浩蕩蕩地向彼得格勒的各大要地進發：先是郵電總局、火車站，接著是政府大樓（當時資產階級臨時政府已經撤離至冬宮）及皇宮大橋。截至早上6時，除了宮廷廣場和伊薩基耶夫斯卡廣場地區外，鬥志昂揚的起義軍們已將城市的大部分地區收入囊中。眼見大勢已去，臨時政府總理克倫斯基不得不坐上美國大使館的汽車倉皇逃跑，勝利的天平已經在向布爾什維克傾斜了。

10時，布爾什維克的革命軍事委員會發布了由列寧起草的《告俄國公民書》，宣告資產階級臨時政府已被推翻了，起義的人們已占領了昔日俄國政府的最高權力象徵——冬宮。

然而，即便局勢已如此清晰，但在冬宮的政府部長們卻仍心存僥倖——他們認為自己手中掌握的2000名軍官和士官仍可以繼續抵抗；他們認為尤登尼奇的白軍可以解救臨時政府於危難之中；他們甚至認為英國的艦隊可以讓他們將列寧的布爾什維克扼殺於聖彼得堡！就這樣，他們拒絕了布爾什維克的無條件投降的通牒。

就在宮牆內拒絕投降之後，宮牆之外卻突然陷入一片平靜：高音喇叭突然停止了叫喊，就連包圍冬宮的軍車也不見了蹤影，只剩下殘垣中的烈火還在熊熊燃燒。突然，涅瓦河畔的曙光號巡洋艦上響起一陣陣轟鳴，緊接著，冬宮的死寂瞬間就被震耳欲聾的「烏拉」聲撕碎在空中——那些隱藏在街壘，巷道和壕溝裡的人們都衝出來了！他們手拿著自己的武器，衝向反動派死守的冬宮。在聖彼得堡人民一波又一波地衝擊下，冬宮的大門很快被打開了。臨時政府的官員們被盡數逮捕，象徵著革命勝利的紅旗取代了三色旗，飄揚在這幢18世紀的皇宮上空。冬宮解放了，革命勝利了。

與此同時，在炮火轟隆的聖彼得堡的另一邊，在斯莫爾尼宮，新一屆的蘇維埃代表大會勝利召開。會上，代表們通過了列寧起草的《告士兵、工人和農民書》，宣布一切權力屬於工兵蘇維埃——至此，十月革命取得了最終勝利。

穩定局勢

在布爾什維克取得了彼得格勒的勝利後，世界上第一個無產階級專政的社會主義國家——俄羅斯蘇維埃社會主義共和國成立了。國家成立之

^ 位於俄羅斯聖彼得堡莫斯科廣場上的列寧雕塑

初，新生的蘇維埃政府面臨的首要問題就是穩定國內局勢。在政治和經濟方面，蘇維埃政府採取措施取締了臨時政府時期的舊政府部門、舊法院、舊員警等。並廢除了沙俄時期的等級制度及教會的一切特權，宣布人人平等。緊接著，蘇維埃政府還將所有的銀行、鐵路和大型企業收歸國有。並規定了對外貿易壟斷、8小時工作制度、沒收剝削階級的土地並分配給農民等一系列政策，還下令廢除之前沙皇政府和資產階級臨時政府時期人民所欠下的一切外債。為了堅決抵制反革命分子的煽動破壞，政府還成立了旨在保衛革命政權的「全俄肅反委員會」。

在軍事方面，蘇維埃政府力求儘快退出第一次世界大戰，甚至不惜以簽訂割讓占整個俄羅斯三分之一人口的波羅的海、波蘭等地的《布列斯特條約》以結束對德國和奧匈帝國的戰爭，這也為集中精力對付國內的白軍贏取了寶貴的時間。同時，為了配合新生的紅軍與白軍的作戰，並防止來自白軍的偷襲，蘇維埃政府還下令將首都遷往莫斯科，並在全國範圍內推行高度集中的「戰時共產主義」政策——要求公民對國家徵召的絕對回應，並且全面禁止自由貿易，由國家來統一實施對糧食、物資的配給。為了讓紅軍快速形成戰鬥力，蘇維埃政府還採取了一系列諸如組建軍事院校、培養軍事幹部、實行指揮人員委任制措施以提升紅軍士兵的戰鬥素質。終於，在一系列政策的強力支持下，在「一切為了前線」的口號中，紅軍開始轉入了反攻，並給予那些反對蘇維埃的人以致命打擊：尤登尼奇被擊潰，高爾察克被活捉，鄧尼金被迫逃亡海外，就連不可一世的英國艦隊也被新生的紅軍給趕回了海上。

就這樣，在蘇維埃政權建立兩年後，廣袤的俄羅斯土地被染上了革命的紅色；就這樣，2240萬平方公里的領土完完整整地交到了布爾什維克的手上，社會主義在俄羅斯取得了最終的勝利！

> 1917年4月十月革命前夕，列寧與布爾什維克革命黨人在聖彼得堡的一節密閉的火車車廂內召開祕密會議。

VISIBLE HISTORY OF THE WORLD

關鍵詞：列寧／社會經濟政策

戰時共產主義

▪ 1917年～1921年

戰時共產主義，是指蘇俄政府在十月革命後，為粉碎國內地主資產階級和帝國主義發動的反蘇維埃政權戰爭，而採取的一系列特殊的社會經濟政策的總稱。為了更好地鞏固蘇維埃政權，蘇維埃政府發動了戰時總動員，對糧食、農產品等實行徵購制度，人們實行義務勞動制和食堂免費就餐，也稱「軍事共產主義」。

國內戰爭

十月革命以後，以列寧為首的蘇維埃新政府積極投身於社會改革之中。由於農民受到了貴族地主階級長達幾個世紀的殘酷壓迫，蘇維埃政府上臺以後，頒布的第一個法令即《土地法令》。這個法令規定廢除土地私有制，以前屬於地主、修道院和教會的全部土地都交由地方蘇維埃支配，以便分給勞動者。在解決了農民的土地問題後，蘇維埃政府又馬上投入到了俄國已經被戰爭拖垮的經濟建設上來。1917年12月，蘇維埃宣布銀行、鐵路和大工業企業全部實行國有化，建議實行8小時工作制，生產中禁止使用童工，企業交由工人委員會監管。同時，蘇維埃政權宣布教會同國家分離，學校同教會分離，在教育上開始同先進的歐洲國家接軌，如改革字母表、取消一些陳舊字母、開始使用歐洲早已通行的新曆等。

在軍事方面，蘇維埃政府迅速從第一次世界大戰中抽身，為紅軍政權的鞏固及蘇俄本國的經濟建設贏取時間。當蘇維埃政權正在如火如荼地建設俄國新經濟的時候，土地政策及新頒布的法令嚴重地危害了昔日的統治階級和黨派的利益，這部分人勾結起來準備抵抗蘇維埃政府。

1918年，對抗新生政權的主要策源地頓河、庫班和烏克蘭地區以及東西伯利亞、西西伯利亞的頑固政權發動了俄國國內戰爭。在南方，以鄧尼金為首的沙俄將軍們組織了志願軍，這支軍隊基本上由舊軍隊的軍官組成。在西伯利亞，沙俄海軍上將高爾察克領導著一股保皇力量。而社會革命黨人也在窩瓦河流域建立了自己的政府，繼續奉行不同於蘇維埃政權的政策。

v 前沙俄海軍上將高爾察克

國內戰爭局勢已經形成，在國外，俄國蘇維埃政權也面臨著從來沒有的惡劣局勢。英國、美國、義大利、法國等資本主義國家，在第一次世界大戰中曾是盟友，現在對布爾什維克也持敵視態度。它們於1918年3月分別在摩爾曼斯克和阿爾漢格爾斯克登陸，時刻威脅著蘇

維埃新政權。而法國軍隊在敖得薩支持鄧尼金，英法軍隊在西伯利亞支持高爾察克。與此同時，日本人和美國人也在遠東活動，對俄國形勢持觀望態度。

俄國國內戰爭爆發後，戰線遍布全國，蘇維埃政府的政權也受到了嚴重的威脅，全國大部分地區都被頑固派占領，只有中心地區還控制在蘇維埃政權手中。考慮到形勢的複雜性，布爾什維克在極短的時間內組建了自己的軍隊，轉向「紅色恐怖」政策，並決定由現在的局勢直接過渡到共產主義的生產和分配的經濟管理辦法，這就是「戰時共產主義」政策的源頭。

政策的實施

戰爭爆發後，國家的糧食、煤炭、石油和鋼鐵等主要經濟命脈的產地都陷入了敵手，面對剛剛得到的勝利果實將要面臨失去的風險，蘇維埃政府決定把僅有的人力、物力集中起來用於戰勝敵人，運用特殊的經濟管理政策來保護得之不易的戰爭果實，這些政策被統稱為戰時共產主義。

戰時共產主義政策規定，在蘇維埃執政地區，統一實行餘糧收集制，並用法律的形式頒布此規定。餘糧收集制涉及各種農產品，具體由糧食人民委員部和工會派出的征糧隊執行。蘇維埃政府規定，國家在徵收糧食的同時，按照一定的標準給予農民一定的補償，但是由於當時通貨膨脹，農民交出的產品幾乎是無償

◁ 聖彼得堡滴血大教堂內景

又名「基督復活教堂」。教堂輪廓美麗，裝飾明豔，與古俄羅斯風格和附近的古典式建築形成鮮明對比，採用彩色圖案瓷磚、搪瓷青銅板裝飾面，是巴洛克和新古典主義建築風格的集中體現。

的。另一方面，國家對徵集來的糧食實行最小限度的商品交易和最大限度的國家分配，以保證俄國戰時的備與需。對工業實行了國有化，無論是大型工業還是中小企業都要接受國家的高度集中管理，而產品及生活必需品都要憑證供應。從1918年11月開始，俄國開始根據階級和年齡的差別，規定不同口糧標準。後來對兒童和全體工人職員免費供應麵包和日用品。此時，雖然貨幣依然存在，但其作用受到了極大限制。

另外，蘇維埃政府還實行了普及一切階級的成年人勞動義務制，實行「不勞動者不得食」的原則。總之，在國家萬分危急的時刻，蘇維埃政府靠堅強的領導實行了硬性的政策，運用戰時共產主義政策，集中了全國所有的原料、物質和人力資源，保證了紅軍日益增長的武器和軍備供應；在國內，透過剝奪資產階級在生產和流通領域內的主要手段，鎮壓了資產階級公開的反抗，並且打擊了富農的投機活動，為農民保護了革命勝利果實，進而使俄國變成了一個統一的軍營，全面保證了內戰的勝利。

勝利的結果

戰時共產主義是危急時刻的特殊政策，它的實施為蘇維埃政權的勝利奠定了堅實的基礎。正是由於戰時共產主義政策的實施，才保證布爾什維克政權在被四面包圍的局勢下，取得了勝利，保衛了十月革命的勝利果實。戰時共產主義使紅軍在前方戰鬥的時候，沒有為食物、武器而焦慮，對戰爭的勝利起到了巨大的推動作用。1919年，紅軍同「白軍」在東部、北部、南部、西部進行了激烈的戰鬥，結果，白軍的進攻被粉碎。1919年年末，外國軍隊開始匆忙撤退回國。1920年11月，紅軍粉碎了克里米亞半島的弗蘭格爾軍隊，白軍殘餘逃往國外，內戰基本結束。1921年～1922年，蘇維埃政權徹底肅清了外高加索、中亞和遠東地區的敵人。

另外，蘇維埃政府實施戰時共產主義政策也給俄國經濟帶來了極大損害，它的直接後果就是對工農業生產的破壞，且更為重要的是它有導致工

^ 俄羅斯國家歷史博物館外景

博物館興建於19世紀，位於俄羅斯莫斯科紅場北側的馬涅什廣場（馴馬場廣場）上，是一座建築造型非常美麗且極具新俄羅斯風格的朱紅色建築物。博物館收藏了大批的館藏文物，系統地展現了俄羅斯悠久的歷史文化。

農聯盟破裂的危險。到1921年，蘇維埃領導人敏銳地注意到了這個情況，而俄國當時的情況不再需要完全計劃經濟的調控來保證蘇維埃的政權了。於是，經過新的調查與研究，蘇維埃政府最後以新經濟政策取代了戰時共產主義，自此，俄國歷史又翻開了新的一頁。

歷史斷面

克隆斯塔特叛亂

1921年，布爾什維克在蘇俄內戰中獲得勝利，外國軍隊逐步撤離蘇俄。然而，布爾什維克的領袖們繼續執行戰時共產主義政策，緊緊地控制著蘇俄的經濟。在經歷了因第一次世界大戰和俄國內戰導致的數年經濟危機之後，蘇俄的經濟開始崩潰，工業產量顯著下滑。不滿情緒在國內百姓中蔓延，尤其是農民。餘糧收集制，強制奪取了農民的大部分糧食用來供養城市居民。農民以拒絕耕種土地的方式來反抗。

1921年3月，斯捷潘・彼得里琴科（在克隆斯塔特海軍要塞領導）發起了一場包括水手、士兵和平民參與的起義。雖然紅軍鎮壓了此次起義，但國內的不滿事件不可能被更強有力地鎮壓。列寧聲明，克隆斯塔特「被點亮如同一道閃電」。1921年春天，他決定廢除戰時共產主義，並以新經濟政策取而代之。

VISIBLE HISTORY OF THE WORLD

關鍵詞：蘇聯紅軍／統帥

紅軍名帥伏龍芝

■ 1885年～1925年

伏龍芝，這個來自比薩拉比亞的羅馬尼亞農民移民家庭的小夥子，在俄羅斯歷史上建立了卓越的功勳。他的一生經歷過驅逐、戰爭與失敗，卻仍然巋然屹立在這片土地上，並成為蘇聯紅軍最著名的統帥之一。

傳奇的一生

1885年2月2日，伏龍芝出生於比斯凱克一個來自比薩拉比亞的羅馬尼亞農民移民家庭，幼年的伏龍芝同其他孩子一樣平凡。1904年，伏龍芝中學畢業，進入聖彼得堡工業學院就讀，並加入了社會民主工黨。由於伏龍芝頭腦聰明、學識淵博、組織能力非凡、思想信念堅定，在革命工人中間享有很高的威望，所以，在伏龍芝加入社會民主工黨後，就由社會民主工黨莫斯科委員會派往伊萬諾沃－沃茲涅先斯克和舒亞等地。從此，伏龍芝轉入地下工作。

1905年5月，在伊萬諾沃－沃茲涅先斯克的伏龍芝成功地組織了這個地區的政治罷工和第一個工人代表蘇維埃組織，並成為蘇維埃領導者之一。從此，伏龍芝獻身革命事業，開始了他傳奇的革命生涯。

^傑出的紅軍統帥、軍事理論家伏龍芝

大學期間，伏龍芝經常參加大學生的各種會議和聚會及布爾什維克組織的活動，並在工人中間進行宣傳，後來逐漸成了一名出色的工人運動組織者。由於伏龍芝不斷地在學校組織、參加各類活動，所以很快就引起了沙皇政府的注意。1905年，大學二年級的伏龍芝不顧沙皇政府的監視，又參加了聖彼得堡10萬工人請願遊行活動。但這次，伏龍芝沒有逃脫沙皇政府的迫害，他被沙皇政府逮捕，並被逐出了聖彼得堡。

伏龍芝被逐出聖彼得堡後，並沒有放棄自己的信仰，他暗地裡返回了聖彼得堡，並組織了地下黨，繼續聲援無產階級革命。由於伏龍芝在無產階級革命中的突出表現，1906年4月，俄國社會民主工黨第四次代表大會召開，伏龍芝作為伊萬諾沃－沃茲涅先斯克布爾什維克的代表，出席了這次會議。正是這次會議，讓伏龍芝經歷了他生命中永遠無法忘懷的事。會議上，伏龍芝不僅見到了俄國最偉大的領袖列寧同志，還與列寧詳細地談論了關於軍事鬥爭的問題，當時列寧提出的俄國需要軍事家，布爾什維克要比沙皇軍官更懂得軍事的看法極大地鼓舞了伏龍芝，這也成為他開始對軍事進行研究以及對工農群眾進行武裝訓練的堅強動力。

1906年5月，會議結束後，伏龍芝回到了伊萬諾沃－沃茲涅先斯克和舒亞地區，並進行組織宣傳工作，但不幸的是，他很快又被沙皇政府發現了。1907年3月，32歲的伏龍芝再次被逮捕了，從此，死神就像影子一樣跟上了他。1907年～1910年，他先後兩次被判死刑，但同時，幸運之神也是站在他這邊的，在他被判死刑期間，沙皇政府承受了前所未有的社會輿論和工人抗議，最後沙皇政府不得不讓步，將伏龍芝先改判10年苦役，然後又改判終身流放西伯利亞。

但是，聰明的伏龍芝並沒有服從沙皇政府的審判，他逃脫出來，繼續進行革命活動。1914年，伏龍芝在伊爾庫次克省曼祖爾卡村組織了一個由流放者參加的名為「軍事研究院」的軍事小組。1915年初，他被流放上連斯克，但8月他就逃回了伊爾庫次克，後又逃到赤塔，化名為瓦西連科在赤塔移民局工作。

1916年，俄國革命發展得如火如荼，鑑於伏龍芝多年的革命經驗，黨組織派伏龍芝到作戰部隊進行革命工作。因此，伏龍芝化名米哈伊洛夫在西方面軍全俄地方自治聯合會領導明斯克布爾什維克黨的地下工作，以及第三集團軍和第十集團軍中黨支部的工作。

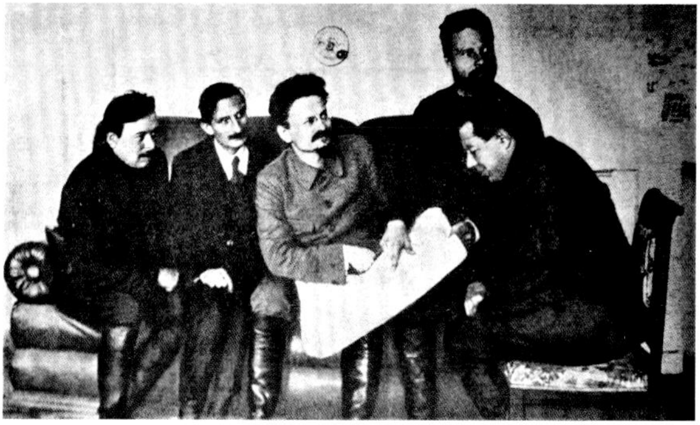

> 俄國內戰時期，伏龍芝與蘇聯共產黨領袖里昂・托洛斯基等人一起。從左至右依次為：貝拉・昆、雅克・薩杜爾、里昂・托洛斯基、米哈伊爾・伏龍芝和謝爾蓋・古謝夫。

1917年，彼得格勒起義爆發，當時伏龍芝正在舒雅縣任蘇維埃主席，當聽到武裝起義勝利的消息後，他立即率領一支由2000餘名工人和士兵組成的武裝隊伍趕到莫斯科支援，並發揮了巨大的作用。從此，伏龍芝真正走上了軍事領導的道路。

1918年，俄國內戰爆發，伏龍芝首次發揮了他的軍事領導才能，制訂和實施了一系列重大進攻戰役的作戰計畫，並取得了徹底粉碎敵人的戰果。

1918年12月，伏龍芝被任命為東方面軍第四集團軍司令，到任以後，伏龍芝在很短的時間內就將集團軍內新編的遊擊部隊改編成正規的部隊和兵團，並於1919年3月成功地實施了布古魯斯蘭、別列別伊和烏法等戰役，從而摧毀了高爾察克軍隊集團。之後，伏龍芝憑藉超人的軍事才華，又迅速地解放了烏拉爾地區，恢復了與土耳其斯坦的聯繫，消滅了克拉斯諾沃茨克和謝米列奇耶的白匪集團，幫助希瓦和布哈拉勞動人民從封建制度、可汗和艾米爾的反動統治下獲得解放。

在俄國國內戰爭期間，伏龍芝一次又一次地擊潰了協約國的武裝干涉。其中最著名的一仗就是克里米亞戰役。弗蘭格爾線部憑藉皮里柯普地峽的天然形勢，請法國軍事專家修築了堅固的工事，吹噓這裡是第二個「凡爾登」，是不可攻破的。但是，戰鬥中伏龍芝奇兵突起，強渡錫瓦什海峽成功，一切神話都破滅了。列寧對這次戰役評價很高，認為「這次勝利是紅軍史上最光輝的一頁」。為了表彰他的功績，蘇維埃政府授予他榮譽革命武裝——一把帶有「人民英雄」題詞的軍刀。自此以後，伏龍芝歷任軍職，直到1925年因病逝世。

伏龍芝的一生，為俄國蘇維埃政權的建立做出了卓越貢獻。在軍事方面，伏龍芝寫下了很多軍事著作，他理論與實踐相結合的教育方式，為蘇聯軍事理論革新和武裝建設做出了不可磨滅的貢獻。

伏龍芝軍事學院

伏龍芝軍事學院並不是伏龍芝將軍所創的。根據列寧的指示，1918年10月7日，奉共和國革命委員會的命令，為革命培養具有高等軍事文化素質的指揮幹部，創辦了工農紅軍總參學院。1921年，該學院改名為工農紅軍軍事學院，內設高級速成班培訓高級指揮人員。此外，以該院為基地，在不同時期還開辦過一些高級軍政訓練班。

國內戰爭結束後，工農紅軍軍事學院對教學、科研和黨政工作進行了調整，1924年4月，伏龍芝受命任該院院長，並在學院的發展方面發揮了巨

v 莫斯科伏龍芝軍事學院大樓

大的作用。在伏龍芝的領導下，工農紅軍軍事學院健全了體制，改革了教學大綱和教學方法，重視野外作業，發展軍事科學研究工作，活躍軍事科學協會和研究生班的活動。隨著裝甲坦克和機械化兵、炮兵和航空兵的發展，學院面臨著為團級至軍級培養具有廣泛知識的多兵種合成軍隊指揮員的任務。為此，學院成立了摩托化和機械化、空軍和戰鬥訓練等教研室。

鑑於伏龍芝為俄國革命及對工農紅軍軍事學院所作的貢獻，1925年11月5日，在伏龍芝去世後，工農紅軍軍事學院被更名為伏龍芝軍事學院。學院先後培養了數萬名具有高等軍事文化程度的多兵種合成軍隊軍官，如蘇聯元帥巴格拉米揚、比留佐夫、戈沃羅夫、格列奇科、葉廖緬科、朱可夫、扎哈羅夫、科涅夫、馬利諾夫斯基、梅列茨科夫、羅科索夫斯基、索科洛夫斯基、托爾布欣、崔可夫、炮兵主帥沃羅諾夫、空軍主帥諾維科夫等都曾畢業於伏龍芝軍事學院。

伏龍芝軍事學院之所以成為俄國一代軍事學院的代表，是因為它的建立歷史與蘇聯武裝力量的建設和鞏固，與蘇聯人民為爭取祖國自由和獨立的鬥爭，不可分割地聯繫在一起。在年輕的蘇維埃共和國與白軍和武裝干涉者激烈搏鬥、國內形勢極其困難的情況下，伏龍芝軍事學院培養了大批能夠在戰爭中獨當一面的軍事統帥，在蘇維埃共和國的建立過程中起到了先鋒作用。

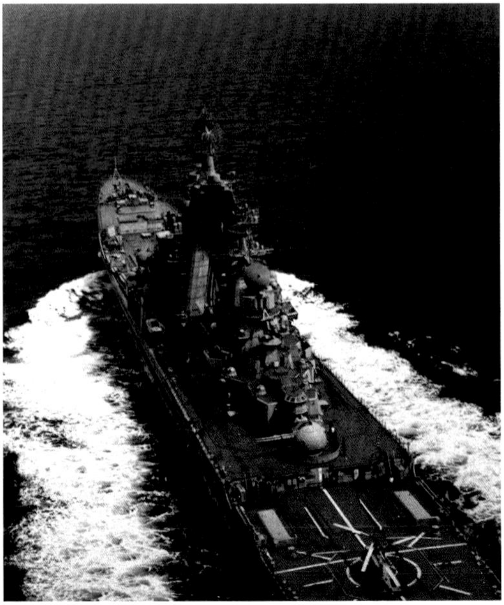

> 正在行進中的俄羅斯基洛夫級核動力導彈巡洋艦

VISIBLE HISTORY OF THE WORLD

關鍵詞：列寧／新經濟政策／社會主義

蘇聯新經濟政策

▪ 1921年～1923年

雖然1921年俄國國內戰爭以蘇維埃政府的勝利告終，但是蘇維埃領導人也明確地看到，戰時共產主義對俄國國內經濟破壞嚴重，而且人們對戰時共產主義的不滿情緒也越來越強烈。於是，蘇俄為鞏固工農聯盟，發展工農業生產，於1921年實行了新經濟政策，即結合俄國社會情況實行的向社會主義過渡的經濟政策。新經濟政策為蘇俄社會主義經濟奠定了基礎。

蘇聯的成立

1921年，俄國國內戰爭結束，早在沙皇時期屬於俄國統治的各個地區與民族，也開始紛紛建立起自己的獨立國家或者自治共和國。但是隨著國民經濟的恢復、社會主義建設的開始，這些國家缺乏先進思想指導的弊端開始暴露出來。另外，為了統一進行國防建設和經濟建設，各蘇維埃共和國的共產黨提出了聯合問題，這是蘇聯成立的最初構想，在實施過程中還經歷了一個小插曲。

1922年8月，由史達林主持的專門委員會提出了各蘇維埃共和國以自治共和國身分加入俄羅斯聯邦的方案，但遭到了國內戰爭時期組成的軍事

^ 青年時期的史達林

史達林曾協助列寧領導俄國十月革命，列寧逝世後擔任蘇聯人民委員會主席。在任期間提出了「在一個國家首先建立社會主義」的主張，放棄了列寧的新經濟政策，全力進行社會主義工業化和農業集體化，使蘇聯成為重工業和軍事大國。

政治聯盟成員喬治亞的強烈反對，在會議中喬治亞領導人遭到了粗暴的對待。病中的列寧了解到這件事後，立即寫信給中央政治局，嚴厲地批評了「自治化」方案和一些人的大國沙文主義。他建議各蘇維埃共和國應該按照平等自願的原則一起加入蘇維埃共和國聯盟。

根據列寧的建議，1922年10月聯共中央全會討論並通過新的文件，該文件得到了各蘇維埃社會主義共和國黨和蘇維埃機關的熱烈響應和支持。於是在1922年12月的全俄第十次蘇維埃代表大會上，經列寧、史達林等領袖的宣導，俄羅斯聯邦、烏克蘭、白俄羅斯及南高加索聯邦4個蘇維埃社會主義共和國的全權代表在聯盟成立條約上簽字，標誌了蘇維埃社會主義共和國聯盟正式成立。此次大會還通過了聯盟條約規定，規定聯盟蘇維埃代表大會為國家最高權力機關，聯盟人民委員會為執行機關，每個加盟共和國都保留有自由退出聯盟的權利。這個規定確立了其他國家加入蘇維埃社會主義共和國聯盟簡稱（蘇聯）的方式。

蘇聯從一開始的4個國家發展到後來的15個加盟共和國，這個過程不是一蹴而就的，而是經歷了長期的奮鬥歷程。1922年，四國蘇聯成立以後，陸續有其他國家開始加入。1925年，中亞地區新建的土庫曼和烏茲別克蘇維埃社會主義共和國加入歷程；1929年，由於原屬烏茲別克共和國的塔吉克自治共和國的經濟迅速發展和人口的不斷增加，被升格為蘇維埃社會主義共和國，於1931年成為蘇聯的第七個成員國；1936年，哈薩克自治共和國及吉爾吉斯自治共和國，南高加索聯邦中的喬治亞、亞美尼亞和亞塞拜然等也取消了南高加索聯邦建制，加入了蘇聯。

此後，蘇聯作為一個社會主義的聯盟範圍不斷擴大，到第二次世界大戰爆發時為了防禦德國，蘇聯著手建立一條從波羅的海到黑海之間防備德國進攻的東方戰線，卡累利阿－芬蘭也於此時加入了蘇聯。之後，立陶宛、愛沙尼亞、拉脫維亞等也先後加入了蘇聯。到1956年，蘇聯的聯盟國發展到15個，成為現在意義上的蘇聯。

新經濟政策

國內戰爭時期高度集中的戰時共產主義政策，使俄國的國家經濟遭到嚴重破壞。工廠倒閉，農民飢餓，再加上1921年～1922年，俄國窩瓦河流域、頓河和烏克蘭地區都發生了罕見的旱災，數百萬人因飢餓喪失了生命，國內局勢又緊張起來，很多地區都發生了農民暴動。曾經是俄國社會主義革命主力軍的工人和農民，迫切要求改變國家的政治政策和經濟政策。

蘇維埃領導人列寧也越來越清醒地意識到改變經濟政策的必要性，於是在1921年3月召開的俄共第十次代表大會上，列寧提出了俄國經濟由戰時共產主義政策向新經濟政策轉變的建議，一場決定性的轉折就這樣開始了。

為了改變農民的態度，新經濟政策的實施首先就在戰時共產主義的餘糧徵集制上做文章，用徵收糧食稅的方法代替了餘糧徵集制。國家規定了一套繳納糧食稅的標準，規定農民可以按照這個標準來繳納糧食稅，而超過稅額的餘糧部分就歸個人所有。另外，1922年政府通過的《土地法令大綱》，允許農民自由使用土地和在蘇維埃政府監督下出租土地和雇傭工人，這大大減輕了農民的負擔。

新經濟政策在工業方面的體現是資本主義企業國有化，一切涉及國家經濟命脈的重要廠礦企業都要收歸國家所有，由國家經營。同時，新經濟政策又允許多種經濟成分並存，其中包括國家資本主義，而中小企業和國家暫時無力興辦的企業也允許私人經營。1920年11月，人民委員會還發布租讓法令，允許外國資本家在蘇俄經營企業或同蘇維埃國家組織合營股份公司。另外，新經濟政策還規定，農民有權支配自己剩餘的農產品，鼓勵農民在繳納糧食稅以後，把產品拿到市場上自由出售。

由於商品貨幣關係的恢復，國家企業和合作社的管理制度也做了改變。國家企業附近的村落按部門組成「托拉斯」，受最高國民經濟委員會下屬中央工業處管理領導。「托拉斯」的財產屬於國家，但國家不經合同協議無權動用「托拉斯」的財產和產品；「托拉斯」的財務和商業活動獨立；職工由各企業自行招用，不再由國家統一調配。

1921年9月，人民委員會發布關於工資級別問題的規定，改變過去的平均主義做法，實行按生產率高低確定工資級別的制度。1921年10月，政府發布法令給予合作社以完全獨立經營的權利。

新經濟政策在宏觀調控的基礎上承認了市場的自我調節作用，很快就調動起了人民的積極性，也改變了國家的經濟狀況。

新經濟政策在流通方面也做出了新的改革。國家在允許農民自由支配剩餘農產品的同時，透過合作社用工業品交換農民手中的餘糧。另外，允許私人在地方範圍內進行商業往來，後來因為剛剛恢復起來的工業無法創

^ 1922年，列寧與史達林的合影。

造出足夠的工業品與農產品進行交換，遂放棄了產品交換的做法。但也取消了商業的地區範圍限制，允許私人自由貿易。為了促進市場貿易，1921年10月，蘇聯政府還重建國家銀行，統一管理貨幣流通事務。這樣，停用多年的貨幣又發揮了其流通的作用。

1921年秋，俄國的新經濟政策中關於市場關係的轉變基本完成。俄國商業和小商品業開始活躍起來，到20世紀20年代中期，輕工業和食品工業企業基本恢復到戰前水準。到1924年，由於新經濟政策的持續動力，重工業的狀況也開始好轉，各種形式的合作社經濟迅速發展起來，農民的狀況得到改善，農村中的貧農數量越來越少。

新經濟政策的優越性逐漸顯現出來，列寧曾多次強調新經濟政策的意義，並且建議新經濟政策應「認真地、持久地」推行下去。然而，到了1923年的時候，列寧的身體狀況十分不好，很少直接參與國家政策的實施，在此期間，史達林的政治作用加強了，蘇聯經濟逐漸向高度集中化方向發展，新經濟政策逐漸淡出了人們的視線。

重大影響

1921年俄國新經濟政策的實行，對俄國歷史及世界經濟發展史都產生了重大影響。在俄國本土，新經濟政策的實施重新建立了俄國工業、農業間正常的經濟聯繫，鞏固了工農聯

> 位於莫斯科市中心的卡爾·馬克思紀念碑

盟，鞏固了蘇維埃政權，促進了生產力的發展，受到廣大人民的歡迎。同時，新經濟政策的實施迅速解除了1921年的俄國危機，恢復了國民經濟，並促進了國民經濟順利向前發展。它為後來蘇聯實現社會主義工業化和農業集體化，從資本主義向社會主義過渡，創造了有利條件。

同時，蘇俄1921年新經濟政策也是馬克思主義與實際國情的一次成功結合。它是小生產占優勢的經濟間接向社會主義過渡的政策，是依靠工農聯盟建設社會主義，是利用商品生產和市場貿易來建設社會主義的政策的特徵，也為後來其他正在進行社會主義改革的國家提供了成功的範例。

歷史斷面

蘇聯時期的文化

蘇聯時期，俄國政治經濟發展迅速，在文化教育方面也有相當大的提高。蘇聯不僅實行了十年制義務教育，基本上消除了文盲，還建設了一系列的文化教育機構。著名的莫斯科大學、列寧格勒大學、哈爾科夫大學、基輔大學、國際關係學院等，通訊社塔斯社等，都是此時建立的。除此之外，蘇聯還是第一個把人類送上太空的國家。從太空俯瞰地球，是人類文明的輝煌，也是蘇聯作為世界上第一個社會主義國家的輝煌。

VISIBLE HISTORY OF THE WORLD

關鍵詞：國家工業化／農業集體化

社會主義所有制的確立

■ 1922年～1937年

社會主義是指由無產階級領導的國家管理制度，1917年俄國十月革命的勝利，加速了社會主義制度在俄國的確立。而後，新經濟政策的實施及一系列恢復經濟的措施，如工業化、農業集體化的完成等，又進一步鞏固了蘇聯的社會主義所有制。

史達林權力的加強

從1922年開始，列寧的身體狀況不斷惡化，而黨內的史達林果斷的性格和雷厲風行的工作能力逐漸凸顯出來，並漸漸強化了自己的作用，成為布爾什維克黨的總書記。1924年1月，列寧逝世後，布爾什維克黨黨內就為國家的發展道路的問題展開了激烈的爭論。

> 史達林

其實，早在1923年年底，托洛斯基和史達林就圍繞「新方針」問題展開了激烈的爭論，托洛斯基堅持「工業專政」，布哈林提倡逐步發展農業經濟，而史達林則提出了關於「一國能夠建成社會主義」的理論。當時的列寧正在哥爾克療養，據《列寧年譜》記載，列寧曾在1923年11月至12月間，請克魯普斯卡婭給他讀關於黨的建設的爭論的基本文件。到了1924年，俄共第十三次代表大會上，黨內開始譴責托洛斯基主義是小資產階級傾向，這實際是對列寧主義的修正。另外，會議還決定公布俄共第十次代表大會《關於黨的統一》的決議第七條，此條規定對搞派別活動的中央委員可以降為候補委員直至開除出黨。這一條決議對後來托洛斯基和布哈林被除黨籍起到了決定性作用。

1925年，作為黨的總書記的史達林同托洛斯基及其追隨者公開鬥爭。1927年末，「左翼」反對派的代表托洛斯基和季諾維耶夫被開除黨籍。在1928年7月召開的中央全會上，史達林強調，新經濟政策已經走入死胡同，必須對農民徵收「額外稅」以保證工業的高速發展。作為回復，布哈林在《真理報》上發表了一系列文章，批評放棄新經濟政策的做法。黨內又展開了批判以布哈林為代表的「右傾主義」的鬥爭。1929年11月，布哈林被開除出政治局。從此，史達林的意見成為黨內的終極決定。

工業化的進程

史達林接管政權以後，他的「一國能夠建設社會主義」理論得到了廣泛的實施。20世紀初，蘇聯正處於資本主義包圍之中，帝國主義發動反蘇戰爭的危險依然存在，為把蘇聯建設成社會主義國家，史達林認為必須完成對國民經濟的現代化改造，必須建立起獨立、完整的社會主義經濟體系，即把蘇聯從一個農業國轉變為工業國，由輸入機器和設備的國家變成生產機器和設備的國家。

面對將蘇聯由落後的農業國變成發達工業強國的迫切任務，蘇聯經

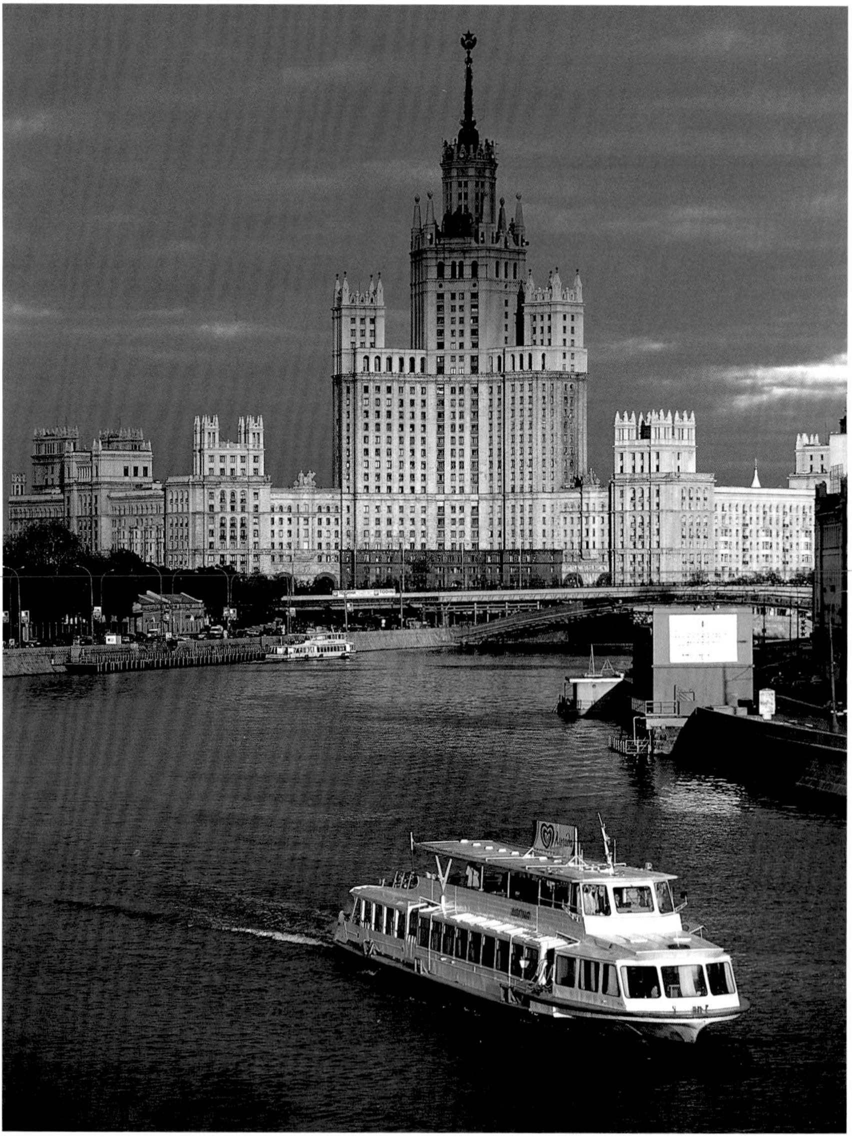

^「七姐妹」建築群局部

「七姐妹」是位於俄羅斯莫斯科的一系列史達林式建築風格的建築群，其建造於史達林執政的最後10年間，其完美結合了巴洛克式城堡塔、中世紀歐洲哥德式與美國1930年代摩天樓的特色。

濟的工業化進程和農業集體化進程被提到國家發展日程上來。1925年12月，聯共（全聯盟共產黨）第十四次代表大會提出了社會主義工業化的方針，標誌著蘇聯有計劃、大規模地開始實現社會主義工業化。

在蘇聯的社會主義工業化進程中，實施了有計劃的經濟建設，即採取制訂「五年計劃」的做法。從1928年開始實行第一個「五年計劃」，每一個「五年計劃」都有具體明確的任務。最初的重點是改造經濟結構，完成社會變革任務，更多的是制訂經濟發展的各項指標及實現這些指標的各項措施。

「五年計劃」對於蘇聯工業化發展進程非常有效，到蘇德戰爭爆發前，蘇聯已經建成了6000餘家大企業，建立起飛機、汽車、拖拉機、化學、重型和輕型機器製造業等部門。另外，工業布局也有了很大變化，先後建起鋼鐵廠、汽車製造廠、水電站等大型項目，形成了比較齊全的工業體系，基本上實現了以重工業為中心的國家工業化。到1937年，蘇聯第二個「五年計劃」結束的時候，整個國家都變成了龐大的建設工地，還誕生了一批新的、最先進的工業部門，如航空、化學等部門。這些巨型企業在很長一段時期成為蘇聯經濟，尤其是工業和軍事實力的重要基礎。

蘇聯的工業化是在「同資本主義國家的軍事威脅作鬥爭」的口號下進行的，正是因為「落後就要挨打」的指導思想和政策措施，使得蘇聯在基礎很差、困難重重的條件下，僅用了10多年的時間就取得了社會主義工業化的成就，這是任何資本主義國家都從未有過的。所以，制訂「五年計劃」的做法，也被後來的社會主義國家所沿用。

農業集體化

隨著快速工業化的發展，蘇聯對糧食的需求量大幅增加，農業生產越來越不能適應工業發展的需要，甚至出現了糧食收購危機。為了配合國家工業化建設的順利進行，史達林決定透過農業全盤集體化來克服糧食危機。1927年12月，聯共第十五次代表大會通過了農業集體化的方針。兩年後，按照中央政治局的決定，開始對農業的全盤集體化改造。

從1929年下半年起，一場大規模、群眾性的集體化運動開始了，過去一家一戶自願參加集體農莊的做法被整村、整鄉、整區加入集體農莊的浪潮所代替。全國各地的集體化運動一哄而起，有些地區竟然出現了強迫農民加入集體化的現象，如對那些不願加入農莊的中農被戴富農帽子、掃地出門相威脅，這些過於激烈的行為引起了農民的強烈不滿。農民積極性下降，農業集體化進程受到了嚴重威脅。

1930年3月，蘇維埃政府看到了農業集體化有急功近利的現象，為此，史達林專門寫了《勝利衝昏頭腦》一文，對集體化運動進行了整頓和糾偏，農業集體化運動又發展起來。但是集體化的道路也並不是那麼順利的，1932年～1933年冬，可怕的災害席捲了烏克蘭、哈薩克、窩瓦河流域和北高加索，奪去了數百萬條生命，農民們的不滿情緒再次爆發，國內出現了農民騷動。面對這樣嚴峻的情況，國家決定適當放寬農業集體化進程，允許農民擁有自留地和一定數量的牲畜，還允許農民在市場上出售自己的產品。然而，在農業管理上仍然以行政命令方式為主。

透過蘇維埃政府的努力，到1937年，蘇聯把分散的個體小農經濟納入社會主義大農業的軌道的歷史任務基本完成。史達林自豪地宣布，全國耕地的98％已經變為社會主義所有制，集體農莊擁有的耕地占全國耕地總面積的99.1％。

透過工業改革，國家掌握了經濟命脈，經過農業集體化，蘇聯農業機械化的程度大大提高了，城市居民的糧食供應和工業原材料的供應得到了保障，人民生活水準普遍改善。集體農業還為工業發展提供了相當數量的資金和勞動力，使蘇聯的國防力量和綜合國力大幅增強，為社會主義工業化的實現創造了條件。

另外，蘇聯的國家工業化和農業集體化，使蘇聯社會主義制度基本確

^ 聖彼得堡冬宮名人廳內景

^ 俄羅斯雅羅斯拉夫爾州的窩瓦河上游風光

立起來。1936年蘇聯制定的新憲法規定：蘇聯是一個以工農為代表的社會主義國家，它的政治基礎是各級勞動者。1936年蘇聯新憲法的頒布，標誌著世界上第一個社會主義國家已經建成，同時，也標誌著史達林創建的高度集中的經濟政治體制的形成。

蘇聯的工業化、農業集體化政策在取得驕人成績的同時，也存在著嚴重的問題。在社會主義制度的確立過程中，片面強調優先發展重工業，使農業和輕工業長期處於落後狀態，最終又制約了重工業的發展。到20世紀30年代末40年代初，蘇聯工業生產增長速度明顯下降，過分重視發展重工業，嚴重影響了人民生活水準的提高，並使整個國民經濟無法達到有計劃、按比例的發展。

關鍵詞：外交／集體安全政策

20世紀前期蘇聯外交政策

■ 1931年～1939年

20世紀30年代，蘇聯在史達林的帶領下如火如荼地進行社會主義建設，大力發展經濟。西歐的一些國家卻在遭受著滅頂之災，以德意志為首的法西斯聯盟正在以迅雷不及掩耳之勢吞噬著亞歐大陸上的人民和國家。蘇聯為了制止法西斯侵略，維護世界和平與各國安全，提出了集體安全政策。

嚴峻的國際形勢

俄國十月革命後，建立起了一整套的社會主義國家體制，根據馬克思主義學說的發展規律，社會主義的產生必定以消滅資本主義的存在為前提，所以蘇聯的建立無疑破壞了蘇聯與西方國家以往建立的國際關係，激化了西方國家與蘇聯的矛盾。

另一方面，1918年第一次世界大戰以後，世界各國簽訂的《凡爾賽和約》、《國際聯盟憲章》、《九國公約》、《羅加諾公約》、《非戰公約》等一系列維護世界和平體系的條約，到20世紀30年代，越來越顯得蒼白無力。1931年，日本侵華控朝，並製造出了20世紀第一次遠東危機，深刻地反映出第一次世界大戰後凡爾賽體系無法有效地應付戰爭危機的弱

∧納粹德國元首、第二次世界大戰的主要發動者阿道夫・希特勒和情婦伊娃・布朗

點。而當時最大的集體安全性群組織國際聯盟在這次戰爭危機中，也暴露出了不能充分保障成員國安全的弱點。

自身安全的努力

1933年，希特勒登上了德國總理的位置，馬上便開始進行一系列的侵略準備，世界各國人民都深切地體會到了第二次世界大戰的危機。處於歐洲東部的蘇聯也真切地意識到自己的安全受到了威脅。於是，蘇聯開始加快與西歐的英法等國靠近的步伐，但是英法等國希望「禍水東移」的綏靖政策，讓蘇聯清醒地認識到國際局勢的急劇變化已經使其外部環境發生了顯著變化。法西斯德國和日本已成為蘇聯最直接、最嚴重的威脅，西方民主國家也開始逐步調整對蘇聯的政策。在此情況下，1933年12月，聯共中央通過了為爭取集體安全而鬥爭的決議，同意加入國際聯盟，不反對在國際範圍內締結反對德國侵略的地區性共同防禦協定，同意參加包括法國和波蘭在內的反對德國侵略的地區性共同防禦協定。

^ 19世紀中期的俄羅斯銀製茶壺

蘇聯在1933年通過聯共中央政治局會議建立集體安全政策的決議後，決定以兩條路確保自己的安全，一方面蘇聯不斷向英法等國靠攏，以求建立一個共同抵制法西斯侵略的統一戰線；另一方面，蘇聯將大量的物資運往後方，時刻準備迎接戰爭的到來。其中，與西歐國家進行協商方面，蘇聯看到了集體安全政策實施的希望。

1934年2月，一位主張借助蘇聯的力量來抑制德國的人——巴爾都就任法國外交部長，他建立的一系列歐洲國家共同對付侵略的互助體系的建議，與蘇聯的集體安全政策不謀而合。他上臺之後，蘇法關係得到了大力的推進。1934年5月的法蘇談判中，巴爾都提出了《東方公約》草案，建議簽訂兩個相互聯繫的形成一個體系的條約。

《東方公約》規定以蘇聯為中心建立起一系列的反法西斯同盟，首先由蘇聯與德國、波蘭、捷克斯洛伐克、愛沙尼亞、芬蘭、拉脫維亞簽訂互助公約，然後法蘇也簽訂互助條約，締約各方不得給予任何侵略者支援。對此雖然德國、義大利、波蘭都拒絕接受，英國也有保留地支援，但它顯示了建立真正的法蘇聯盟的可能性。蘇聯也一直為集體安全政策努力，1934年9月，蘇聯加入了國際聯盟。

一切似乎都在按照蘇聯的意願順利地發展著，然而巴爾都在1934年10月遇刺，使《東方公約》失去了一個積極的推動者，締結地區性多邊互助條約的談判被擱置下來，後來轉為雙邊互助條約。《東方公約》沒有達到預期目的，國際反法西斯統一戰線的建立遇到挫折。

蘇聯在同英法等國建立集體安全政策協商失敗以後，在對西方民主國家頗感失望之餘，不得不對它們利用德國反蘇的心理保持高度警惕。3月，史達林在聯共第18次代表大會的報告中，明確提出了「不允許建立廣泛的反蘇統一戰線；保持最大限度的謹慎，不受敵人挑撥」的任務。儘管如此，蘇聯仍打算不放棄同西方國家的接近，決定做出新的努力來實現其歐洲集體安全計畫。不過，蘇聯也準備試探性地同德國接近，由此獲得哪怕是能暫時保證蘇聯安全的可能性。這樣，進入1939年後，蘇聯外交便在這兩條道路上採取行動。

1939年5月，日本在遠東地區挑起「諾門罕事件」，向蘇聯發動進攻，而德日兩個法西斯國家又在談判中結成軍事同盟，蘇聯有腹背受敵的危險。史達林為了保護蘇聯的安全及利益，放棄了與英法共同抗德，相應地轉而決定採取「禍水西推」的策略，與德國修好，以爭取時間及空間防範德國在不久的將來的入侵，而希特勒為了穩住東面的蘇聯，以免在戰爭中兩面開戰，也願意與蘇聯修好。

因此，在蘇德雙方的意願下，1939年8月23日正午，兩架「禿鷲」運輸機載著德國代表團到達莫斯科。史達林、莫洛托夫和德國的里賓特洛甫通過兩次會談，於當晚正式簽訂了《蘇德互不侵犯條約》。到此，集體安全政策徹底失敗。

第四章

戰爭風雲

第二次世界大戰是人類永遠的傷痛。在這場劫難中，蘇聯未能置身事外，更成為與德國法西斯相抗衡的主要力量。千百萬軍民的傷亡，換來了第二次世界大戰中蘇聯的勝利、盟國的勝利。

蘇聯軍民英勇抗擊侵略者，以數次戰役消耗了德軍主力，加速了德國法西斯的滅亡，也成就了幾位軍事天才的聲名。第二次世界大戰後，世界形成資本主義和社會主義兩大陣營對峙的格局。沒有硝煙的「冷戰」、幾次瀕臨危險的戰爭邊緣。而與此同時，蘇聯統治的內部也在發生動盪，蘇聯的命運又將轉變……。

VISIBLE
HISTORY OF THE
WORLD

關鍵詞：史達林／莫斯科保衛戰

保衛莫斯科

▪ 1941年～1942年

莫斯科保衛戰，這場歷史上令人振奮的戰役，發生在1941年9月30日到1942年1月7日之間。它是蘇聯軍隊為保衛首都莫斯科及後來反攻德軍的戰役，它包括蘇軍為保衛莫斯科並粉碎向莫斯科進攻的德軍「中央」集團軍群各突擊集團而實施的一系列防禦戰。它的勝利是第二次世界大戰中第一次反法西斯的勝利，第一次挫敗了納粹黨侵略的囂張氣焰，在世界歷史上具有重大意義。

出人意料的進攻

從20世紀30年代起，蘇聯就時刻地感覺到國際關係中資本主義國家投過來的敵視目光，而法西斯同盟的確立更加深了蘇聯的危機感，所以蘇聯一直致力於建立歐洲集體安全政策。20世紀30年代末《蘇德互不侵犯條約》的簽訂，標誌著集體安全政策的徹底失敗。

《蘇德互不侵犯條約》簽訂後，蘇聯明白，這只是一個緩兵之計，堅決反對社會主義的阿道夫·希特勒遲早會撕毀和約。因此，蘇聯開始將大批物資、設備從歐洲運往大後方，為後來的蘇德戰爭創造了有利條件。但是，史達林始終認為，德國在攻下英國之前不會對蘇聯發動襲擊。

1941年6月22日，阿道夫・希特勒撕毀互不侵犯條約，實施「巴巴羅薩」計畫，對蘇聯發動猛烈進攻，這個舉動使蘇聯政府及紅軍領導人大吃一驚。在蘇聯還沒有反應過來時，德軍就以閃電戰術快速地深入了蘇聯領土。德軍一共分為北方、南方和中央三個集團軍群向蘇聯進攻。其中，德軍北方軍群向列寧格勒推進，南方軍群則征服烏克蘭和高加索高地，而中央集團軍則向莫斯科進發。蘇軍的防線很快便崩潰，死傷無數。

蘇聯早在20世紀30年代末就展開了作戰準備，在德軍突然攻擊後，整個國家立即進入了全民戒備狀態，迅速分路阻擊德軍的進攻。其中，莫斯科作為蘇聯的政治中心和經濟中心成了德軍進攻的主要目標，當然也是全蘇聯軍民極力保衛的地方。

1941年8月，德軍的中央軍群開始攻打斯摩倫斯克。斯摩倫斯克是通往莫斯科的重要據點，蘇聯人深深地明白這一點，於是與德軍展開了艱苦卓絕的反侵略戰爭，雖然斯摩倫斯克之戰最後以慘敗而告終，但正是由於斯摩倫斯克人的堅持，使斯摩倫斯克的戰鬥一直持續到9月中旬，有效地瓦解了德軍的「閃電戰」戰術，為保衛莫斯科的戰鬥爭取了寶貴的時間。

保衛莫斯科

德軍在「閃電戰計畫」破產後，被迫縮短戰線，妄圖集中力量，迅速攻占莫斯科，以達到結束對蘇戰爭的目的。1941年9月30日，德軍對莫斯科發動了代號為「颱風行動」的大規模攻勢，並揚言10天之內莫斯科必破，希特勒將要在紅場上檢閱部隊。為此，德軍集中了最精銳的部隊，發動了180萬人攻擊莫斯科，而蘇聯也迅速組織了125萬人開始在莫斯科周圍阻擊德軍。

根據「颱風行動」計畫，德軍第二裝甲集群開始向布良斯克方向進攻。10月，正是莫斯科的秋天，由於道路泥濘，給德軍機械化部隊帶來了極大的困難，蘇軍進行了頑強抵抗。但是10月2日，德軍還是從中部突破

^ 莫斯科保衛戰中蘇軍的主要指揮員朱可夫

了蘇軍防線，奪取了布良斯克。此後兩周之內，德軍中央集團軍群完成了3個大包圍圈，兩個在布良斯克附近，另一個在維亞濟馬以西。在這3個包圍圈的作戰中，德軍共俘虜66.3萬蘇聯人。危急關頭，蘇軍迅速在莫斯科以西約80公里處的莫扎伊斯克組織了防線，阻止德軍推進。

當時莫扎伊斯克城的4個集團軍總共9萬人左右，這些兵力不足以在整個地帶建立堅固防禦。為了改進軍隊指揮，10月10日，史達林任命朱可夫大將為西方面軍司令員和預備隊方面軍司令員。朱可夫到任後，迅速重建了四個集團軍，以防守莫扎伊斯克。10月中旬，在北、西、南通往莫斯科的所有重要地段上都與德軍展開了激烈的戰鬥。由於戰鬥的激烈程度及蘇德雙方軍事力量的懸殊，10月15日，聯共中央決定，蘇聯政府的部分機構和外國使節遷往古比雪夫。但是，史達林堅決要求留在莫斯科，要親自指揮戰鬥，保衛莫斯科。10月19日，國防委員會宣布莫斯科戒嚴，號召首都人民誓死保衛莫斯科。3天之內，全市組織了25個工人營、12萬人的民兵師、169個巷戰小組。有45萬人參加修築防禦工事，其中四分之三是婦女。在首都和全國軍民的支援下，前線軍民英勇抗敵，浴血奮戰，終於在11月初，將德軍阻擋在了拉馬河、魯扎河、納拉河等地區，希特勒妄圖在10月占領莫斯科的計畫破產了。

11月15日，德軍經過調整和補充後，向莫斯科發動第二次瘋狂進攻。這次，德軍在加里寧沿克林、羅加切沃方向和圖拉方向分別實施主要突擊，企圖從北面和南面迂迴莫斯科。11月23日，德軍占領克林；11月27日，又占領了距莫斯科僅有24公里的伊斯特拉。莫斯科處於德軍大炮射程之內，德軍用望遠鏡幾乎可以看到克里姆林宮的頂尖，在這千鈞一髮之際，莫斯科軍民誓死保衛首都，蘇軍第316步兵師表現了蘇軍大無畏的革命英雄氣概，在阻擊德軍坦克通向莫斯科的杜博謝科沃要道上，持續戰鬥4個小時，擊毀敵人18輛坦克，為保衛莫斯科，戰士們全部壯烈犧牲。

^ 莫斯科保衛戰時，蘇軍進入高爾基公園步控3A級炮，準備擊退德軍的空襲。

蘇軍的反攻

12月初，莫斯科的氣溫已下降到零下20攝氏度至零下30攝氏度，德軍沒有棉衣，飛機和坦克的馬達無法發動，坦克上的光學窺鏡失去作用，德軍

^《莫斯科保衛戰》電影海報

由導演尤里・奧澤羅夫執導，於1985年上映的戰爭電影《莫斯科保衛戰》講述了1941年6月22日，法西斯德國集中了190個師的兵力，以閃電戰術入侵蘇聯，蘇聯因準備不足，在戰爭初期節節敗退，德軍直驅莫斯科城下，雙方在莫斯科展開殊死決戰的故事。

士氣嚴重受挫。而蘇軍習慣在寒帶生活，而且穿上了棉衣、皮靴和護耳冬帽，士氣反而高漲。至此，蘇軍轉入反攻，粉碎莫斯科城下德軍的條件已經具備。

1941年12月5日，在史達林的命令下，朱可夫帶領蘇軍發動大規模反擊，此時德軍進攻能力顯然已經衰竭。蘇軍最主要的攻勢向中央集團軍群集中。12月6日，攻勢在莫斯科地區全面展開，早有準備的朱可夫帶領著蘇聯的精銳部隊迅速瓦解德軍的攻勢。在蘇軍的強烈反攻下，12月8日，希特勒簽署了蘇德戰場全線包括莫斯科方向轉入防禦的訓令。12月16日，蘇軍解放了圖拉。1942年1月7日，重奪了莫斯科以北的加里寧。1月初，西部戰略方向的反攻宣告完成。精疲力竭的德軍撤退到100至250公里外。德軍38個師，其中15個坦克師和摩托化師遭重創。進攻莫斯科的突擊集團被擊潰，使德軍驚慌失措，至此，蘇聯人以頑強的意志，終於取得了莫斯科保衛戰的勝利。在1941年蘇德戰場的整個冬季戰役中，德軍被擊潰50個師，陸軍傷亡達83萬人以上。

莫斯科保衛戰的勝利，標誌著希特勒「閃電戰計畫」的徹底破產，極大地鼓舞了蘇聯人民和全世界人民反法西斯戰爭勝利的信心。

歷史斷面

電影《莫斯科保衛戰》

《莫斯科保衛戰》是蘇聯在20世紀末以莫斯科保衛戰的真實歷史為線索拍攝的電影，其中逼真、恢宏的戰爭場面在現代戰爭片中無有出其右者。該片長達300多分鐘，分《侵略》、《颱風戰役》兩部，拍攝過程歷時兩年，約有5000名士兵、近1萬名群眾、250餘名演員、202名攝影師參與拍攝。電影從蘇德雙方的高層決策到戰場上的士兵，真實、全面地展示了莫斯科保衛戰的驚心動魄。該片的經典臺詞：「俄羅斯雖大，但我們已無路可退，身後就是莫斯科！」

VISIBLE HISTORY OF THE WORLD

關鍵詞：希特勒／朱可夫

列寧格勒的榮光

■ 1941年～1944年

征服蘇聯、獨霸歐洲是希特勒蓄謀已久的陰謀，早在法國投降之時，德國人就開始著手侵略蘇聯的計畫。1940年12月28日，希特勒發布了第二十一號訓令，正式制訂了在對英戰爭結束之前對蘇聯進行「閃電」攻擊的「巴巴羅薩」計畫。

保衛戰的序幕

希特勒的「巴巴羅薩」計畫，將進攻部隊分為南方、北方和中央3個集團軍群，南方軍主要以烏克蘭和高加索高地為目標，中央軍則以蘇聯的經濟中心和政治中心莫斯科為目的地，而北方軍就向蘇聯的「社會主義的搖籃」── 列寧格勒推進。為了確保能夠一舉拿下列寧格勒，希特勒任命曾

> 列寧格勒保衛戰榮譽勳章

經指揮德軍突破法國馬奇諾防線的馮・里布元帥為北方集團軍群司令，統率70萬大軍向列寧格勒進發，並要求他在1941年7月21日之前拿下列寧格勒。

6月22日早晨，德軍開始對蘇聯不宣而戰。還在吃驚狀態下的蘇聯還未從德軍突然進攻的行為中反應過來，面對德軍的瘋狂進攻，駐守列寧格勒的蘇聯西北方面軍總司令伏羅希洛夫元帥向當地軍民發出了「在列寧格勒大門口，用我們的胸膛阻擋敵人前進的道路」的號召。列寧格勒的百姓迅速響應了伏羅希洛夫元帥的號召，在7月和8月間每天都有數十萬人參加防禦作業，到7月中旬，在列寧格勒周圍建立了由數道環形地帶組成的防禦體系。此外，還建立了列寧格勒市內防禦體系，籌建了總數約16萬人的民兵組織，並且各軍工企業的武器和彈藥的產量與日俱增。

列寧格勒久攻不下，嚴重影響了希特勒進攻蘇聯的計畫，1941年8月下旬，氣急敗壞的希特勒在北翼調集了32個步兵師、4個坦克師、4個摩托化師和1個騎兵旅的兵力，配備6000門大炮、4500門迫擊炮和1000多架飛機，向列寧格勒發動猛烈攻勢，揚言要在9月1日占領列寧格勒。

8月底，在德軍重大損失後，於8月25日奪取了柳班。攻破防禦戰線以後，德軍迅速侵入，並在8月30日抵達涅瓦河，切斷了溝通列寧格勒與外界的鐵路聯繫，列寧格勒完全被德軍孤立了。9月1日，經過德軍3個月的猛攻，蘇軍退至凱克斯霍爾姆維堡以東30公里至40公里一線。

蘇軍面對強大的德軍攻勢及失去與外界聯繫的複雜局勢，並沒有退縮，他們幾乎用自己的胸膛去擋德軍的子彈。1941年9月8日，德軍在遭受了重大損失後衝過姆加車站，進抵拉多加湖南岸，奪得什利謝利堡，從陸地包圍了列寧格勒。自此，列寧格勒陷入德軍的三面包圍，只能從拉多加湖和空中得到補給，長達900天的列寧格勒保衛戰拉開了序幕。

激烈的戰鬥

在希特勒進攻莫斯科的計畫中，每一步的戰略都是設計好的，而列寧格勒是這個計畫中重要的一環，如果德軍占領了列寧格勒，切斷了蘇聯的交通與軍事聯繫，那麼莫斯科，甚至於整個蘇聯的安危都在希特勒的掌握之下了。雖然列寧格勒的阻擊戰非常出色，德軍每前進一步都要付出巨大的努力，但是在戰爭中，時間就等於生命，於是在9月9日，德軍又向列寧格勒發起了新的進攻。

這一次，面對列寧格勒人民日夜構築起來的堅固的防禦工事，德軍沒有直接攻打，而是採取了猛烈的炮擊和空中轟炸的措施。情況異常緊急，

^ 列寧格勒州殘破的古城堡

俄羅斯聯邦列寧格勒州位於東歐平原西北部，瀕臨芬蘭灣、波羅的海、拉多加湖和奧涅加湖；其南部與諾夫哥羅德州和普斯科夫州交界，西部是愛沙尼亞，西北部是芬蘭，北部是卡累利阿共和國，東部是沃洛格達州；首府是聖彼得堡。

德軍已突至城市附近接近地。伏羅希洛夫元帥由於指揮不利而被撤職，9月10日起，列寧格勒方面軍由大將朱可夫負責指揮。

朱可夫上任以後，對軍事委員會做出的第一個決定就是：即使戰至最後一人，也要守住列寧格勒。與此同時，朱可夫還迅速制訂了加強列寧格勒防禦的新計畫。他加強了最受威脅的地段的防禦；運用民兵支隊補充各預備部隊；指揮大批海軍軍人離艦上陸等措施，增強了蘇軍對德軍的抵抗力。經過朱可夫一系列的軍事調整，到9月底，列寧格勒西南戰線和南面戰線趨於穩定，德軍從行進間一舉奪取列寧格勒的計畫破產，德軍抽調「北方」集團軍群基本兵力進攻莫斯科的企圖亦隨之失敗。

從南面奪取列寧格勒的計畫失敗後，德軍於10月改向季赫溫實施突擊，與芬蘭軍隊會合，企圖完全封死列寧格勒。到11月8日，通往拉多加湖的最後一條鐵路幹線也被切斷了，列寧格勒的補給線也徹底被切斷了。俄羅斯寒冷的冬天，每天都在折磨著蘇軍統帥們。

形勢異常危急，但英雄的列寧格勒人民沒有屈服，他們用「寧死不屈，列寧的城市永遠是我們的」的口號有力地回答了法西斯侵略者。在行動上，西北方面軍司令員伏羅希洛夫元帥和軍事委員日丹諾夫也向300萬列寧格勒軍民發出緊急動員令：「列寧格勒面臨著危險，法西斯匪軍正向我們光榮的城市——無產階級革命的搖籃逼近。我們的神聖職責是：在列寧格勒大門口，用我們的胸膛阻擋敵人前進的道路！」為了突破敵人的封鎖，列寧格勒軍民不惜一切代價迅速採取果斷措施，組織冰上運輸。

11月20日清晨，拉多加湖面上刮起了期待已久的西北風，天氣寒冷刺骨，至黃昏時分，湖面冰層的厚度已達到18公分。這時，列寧格勒方面軍軍事委員會認為：形勢逼人，時不我待。他們決定立即派築路勘探隊員冒著生命危險以馬拉雪橇的方式用標杆在冰面上標明走向，開始試驗性運輸，把堆放在湖東岸列德涅沃轉運站的大量糧食和其他急需物資迅速運往西岸的鮑利索瓦－格里瓦車站和拉多加湖車站。

^俄羅斯冬宮博物館大廳金碧輝煌的門飾

11月21日，經過列寧格勒軍民的忘我勞動，修築在離拉多加湖南岸12公里至13公里處，也就是在什利謝利堡德軍炮火射程內的第一條冰上汽車運輸幹線，終於順利通車了。第二天晚上，由60輛大卡車組成的第一列車隊載著運往列寧格勒的貨物從拉多加湖東岸的卡鮑納出發，經冰上公路駛往西岸的奧西諾維茨。

就是這條晝夜通行的冰上公路，在1941年冬季前後，在列寧格勒處於飢餓圍困的最艱難時期，連接了拉多加湖東西兩岸的運輸線，成了列寧格勒賴以取得外界支援的唯一通道，因而被列寧格勒軍民譽為「生命之路」。就這樣，傳奇般的拉多加湖「生命之路」，終於使列寧格勒軍民戰勝了飢餓的威脅，從而徹底挫敗了希特勒妄圖困死列寧格勒人的計畫。

經過了一個寒冷冬天的艱苦對峙，到了1942年1月，蘇軍組織了大規模的反攻，開始向柳班方向發動突擊，8月至10月又在錫尼亞維諾方向實施了頑強戰鬥，消耗了德軍的基本兵力。蘇聯遊擊隊也在列寧格勒州、諾夫哥羅德州和普斯科夫州的德國占領區展開了積極的戰鬥，蘇德戰場中蘇聯的情勢大為好轉。這種發展情勢在1943年得到了很好的發展，1943年1月12日，蘇軍在遠程航空兵、炮兵和紅旗波羅的海艦隊航空兵的支援下，兵分兩路在拉多加湖以南什利謝利堡、錫尼亞維諾之間狹小突出部實施了相向突擊，力圖打破德軍對列寧格勒的封鎖。1月18日，兩路蘇軍成功突破德軍防線，在拉多加湖與戰線之間形成了寬8公里至11公里的走廊，並在17個晝夜內鋪設了鐵路和公路各一條。

歷史斷面

巴甫洛夫大樓

巴甫洛夫大樓是位於史達林格勒中心的一座四層高的公寓樓，建在窩瓦河的河堤邊。1942年9月，大樓遭到德軍進攻，蘇聯第13禁衛步兵師的一個排奉命防守於此。這個排由雅科夫·巴甫洛夫中士指揮。

巴普洛夫大樓是守衛窩瓦河邊的一處關鍵區域。它位於十字路口，為防禦方提供了北方、南方、西方各一公里的視野。接防初期，巴甫洛夫與他的手下發現了躲藏在地下室的10名平民，並將之武裝起來。幾天之後，他得到了增援與補給，裝備了機槍——反坦克步槍與迫擊炮，使之成為一個25人卻未滿員的排。為遵守史達林的第227號命令「不許後退一步」，巴甫洛夫中士奉命建立防禦工事並死守大樓。德軍一天幾次地進攻大樓，每次都會遭到巴甫洛夫和他手下的猛烈反擊。從1942年9月27日至11月25日，巴甫洛夫和他的手下一直在大樓進行戰鬥，直到蘇軍在史達林格勒進行全面反擊，最終獲得了戰鬥的勝利。

VISIBLE
HISTORY OF THE
WORLD

關鍵詞：史達林／希特勒

史達林格勒戰役

■ 1941年～1943年

史達林格勒戰役是第二次世界大戰中規模空前的戰役，也是人類歷史上最為慘烈和規模最大的戰役之一。它以1942年7月17日德軍開始進入頓河大河灣為起點，以1943年2月2日蘇聯軍隊全殲史達林格勒地區的德軍為結束，歷時約200天。這場戰役以參戰雙方傷亡慘重及對平民犧牲的漠視而成為人類戰爭史上的著名戰役。

戰役大幕的拉開

史達林格勒，是以當時蘇聯領袖史達林的名字命名的城市。它位於窩瓦河下游西岸、頓河大彎曲部以東的60公里處，是蘇聯歐洲部分東南部的政治、經濟和文化中心、水陸交通樞紐、歐亞兩大洲的「咽喉」，也是重要的軍事工業基地，在軍事上有重要的戰略意義。因此，在希特勒的「巴巴羅薩」計畫中，史達林格勒是重點攻擊的城市之一。

1941年6月22日拂曉，法西斯德軍不宣而戰，突然入侵蘇聯國境。其中德軍向列寧格勒、莫斯科和基輔3個方向大舉進攻，而史達林格勒就是德軍在南方戰線上的重要爭奪據點。1942年春天，經過德軍閃電式的攻擊，他們在前沿的陣地已經基本穩固。但是，由於莫斯科爭奪戰的失敗，德軍的中央集團軍被很大地削弱，部分德軍統帥希望攻擊蘇聯意想不到的戰略方向以求獲得快速的成效。同時，美國在遭到珍珠港偷襲之後對日本宣戰，也讓德國認識到時間緊迫，希特勒不得不加緊對支撐蘇聯戰爭機器燃料的高加索油田、聯繫中亞地區的窩瓦河以及擁有大片農田的烏克蘭和高加索地區的進攻，以求盡可能快地削弱蘇聯的經濟和戰爭潛力。因此，南部戰線的一些重要城鎮就成了德軍發動新一輪攻勢的主要目標，而史達林格勒就是其中之一。

^ 史達林格勒戰爭紀念館

1942年春，德國經過周密的部署後，開始了南方戰線上的全速進攻，並迅速占領了烏克蘭，準備穿越俄羅斯南部以控制高加索地區的油田。在戰略計畫中，希特勒將參戰部隊分成了兩個集團軍群，其中一個集團軍群由曼施坦因和馮·克萊斯特指揮，按原計劃向南進攻；而另一個集團軍群包括弗里德里希·包路斯率領的第六集團軍和赫爾曼·霍特指揮的第四裝甲集團軍，目標是東渡窩瓦河占領史達林格勒。

1942年4月5日，一切進攻準備都已停當的南方集團軍群收到了希特勒下達的41號戰爭密令，密令要求南方集團軍群要不惜任何代價再次獲得作戰的主動權，殲滅蘇軍殘存的有生力量，盡可能多地奪取最重要的戰爭經濟資源。

1942年6月28日，作為這次夏季攻勢「藍色行動」的序幕，南方集團軍群在俄羅斯南部發起了攻擊。起初，德軍的進攻非常成功，蘇軍在空曠的大草原上幾乎未進行有效抵抗，便向東迅速撤退。所以，短短半個月時間，德軍就攻到了史達林格勒城下。

蘇聯指揮層開始逐漸明確德軍的意圖。蘇軍最高統帥部決心在史達林格勒組織堅守。為此，蘇軍於7月在西南方面軍原有基礎上組建了由鐵木辛哥元帥為司令的史達林格勒方面軍，制訂了保衛史達林格勒的計畫。而史達林格勒東面的窩瓦河上也組建了第六十二集團軍，任命崔可夫中將為司令，他的任務就是不惜一切代價死守史達林格勒。到此時，蘇德雙方在史達林格勒方面的軍事調遣全部完成，戰爭一觸即發。

史達林格勒的戰鬥

1942年7月17日，史達林格勒戰役以蘇軍第六十二集團軍、第六十四集團軍與德軍第六集團軍的激烈戰鬥拉開了序幕。德軍第六集團軍在炮兵、航空兵的支援下，分成南北兩個突擊集團，對頓河大彎曲部分的蘇軍兩翼實施突擊並將其合圍，從西面突向史達林格勒。

面對德軍突破蘇軍右翼防線的緊急形勢，史達林任命戈爾多夫中將取代年邁的鐵木辛哥元帥指揮史達林格勒方面軍，並派華西列夫斯基作為最高統帥部代表前往史達林格勒協助指揮戰事。蘇德兩軍在主要防禦地帶進行了激烈的爭奪。德軍在北方面軍團的支援和希特勒的親自指揮下，士氣高漲，層層突破了蘇軍的頑強防禦系統，到8月中旬，蘇軍被迫退守史達林格勒的外層圍廓。

憑藉著暫時的勝利，8月下旬，德軍統帥部調整部署，集結了21萬人、2700門火炮和迫擊炮、600輛坦克和1000多架飛機，從史達林格勒以北突至窩瓦河，企圖從北面沿窩瓦河實施突擊並奪取史達林格勒市。8月23日晚，德軍的1000多架飛機都出動了，對史達林格勒進行了狂轟濫炸。這是一次純粹的恐怖襲擊，希特勒這樣做的唯一目的，就是盡可能多地屠殺平民，壓垮蘇軍，瓦解士氣，散布恐慌氣氛。當夜史達林格勒市慘遭轟炸，人們整夜奔呼，孩子尋找母親的哭聲，父親囑咐兒子逃跑的呼喊聲，還有時刻盤旋在城市上空的飛機轟炸與轟鳴聲，那種慘烈的、嘈雜的場景，幾十年之後，依然深深地刻在史達林格勒人民的腦海裡。

面對德軍的瘋狂轟炸，蘇軍最高統帥部迅速集結部隊，會同史達林格勒方面軍從北面對德軍實施反突擊，8月底，蘇軍就從南北兩面發起了多次反擊，以求減輕德軍對史達林格勒城區的壓力。蘇德雙方在史達林格勒外層圍廓展開了激烈的戰鬥，雙方都傷亡慘重。9月12日，蘇軍撤至市區圍廓，週邊防禦地帶全部喪失。

9月13日以後，蘇德史達林格勒戰役發展成為史達林格勒市內巷戰的形式。由崔可夫手下將領舒米洛夫少將指揮的蘇軍在史達林格勒市區中與德軍展開了逐街、逐樓、逐屋的巷戰。在已經被戰爭摧毀得滿是瓦礫和廢墟的史達林格勒城中，每條街道、每座樓房、每家工廠內都發生了激烈的巷戰，德軍甚至開玩笑說：「即使我們占領了廚房，仍然需要在客廳進行戰鬥。」

經過3個月的血腥戰鬥，德軍終於在11月份緩慢地推進到了窩瓦河岸，並且占領了史達林格勒城80％的地區，將留守的蘇聯軍隊分割成兩個狹長的口袋狀區域。面對史達林格勒被占領的危險，在城中的制高點，一座名為馬馬耶夫山崗的小山丘上，蘇軍同德軍展開了最為殘酷的戰鬥。兩方軍隊不斷地交替占領這片高地。蘇軍在一次反攻中，一天之內竟然犧牲了1萬名士兵。對火車站的反復爭奪達13次之多。在一個大糧食倉庫裡，

兩軍的士兵非常接近，甚至能夠聽到對方的呼吸聲，經過數個星期的苦戰，德軍不得不從這個倉庫撤走。在城中的另一個部分，由雅科夫・巴甫洛夫指揮的一個小分隊占據了城中心的一座公寓樓，並頑強地進行抵抗。士兵們在大樓附近埋設了大量地雷，並在視窗架起了機槍，還將地下室的隔牆打通以便通信。這座頑強的堡壘後來被蘇聯人驕傲地稱為「巴甫洛夫大樓」。

11月11日，德軍最後一次企圖攻占這座城市，在街壘工廠以南衝到窩瓦河岸，但最後一次強攻，仍未能占領整個城市。經過史達林格勒接近地和市區的激戰，德軍的進攻力量已消耗殆盡。

< 電影《史達林格勒》拍攝場景

《史達林格勒》是俄羅斯歷史上首部全部由3D格式拍攝的影片，影片在聖彼得堡郊外廢棄軍用靶場上建起了大規模場景，逼真地重現了史達林格勒街區，以及觀眾能在歷史檔案鏡頭中常見的一些經典場景。

蘇聯人民的猛烈反攻

1942年11月的史達林格勒已經是天寒地凍了，窩瓦河開始結冰，史達林格勒人民在德軍瘋狂的火炮攻擊之下，憤然反擊，而蘇軍最高統帥部則在防禦戰役的過程中就制訂了史達林格勒反攻計畫。11月19日，經過對德軍猛烈的炮火攻擊後，蘇軍西南方面軍和頓河方面軍發起了進攻，揭開了反攻的序幕。11月20日，史達林格勒方面軍一改防禦政策，開始進攻德軍占領區。在史達林格勒軍民的奮戰下，經過兩天戰鬥，蘇軍各方面軍都突破了德軍防禦，到11月23日，蘇軍西南方面軍坦克第四軍和史達林格勒方面軍機械化第四軍在蘇維埃農社會合，將德軍結結實實地包圍在了史達林格勒城中。

德軍統帥部為了給被圍德軍解圍，組建了「頓河」集團軍群（司令為曼施坦因元帥）。針對這樣的新情況，蘇軍迅速做出反應，在史達林格勒城週邊建立起新的防禦工事，於是在德軍於12月12日向蘇軍發起進攻時，被迫轉入了防禦。12月24日，蘇軍反過來對德軍進行了粉碎性進攻。而在史達林格勒城內，受困的德軍在長時間的救援等待中，發現依靠救援軍來解救已經成為不可能的事情了，日漸縮小的包圍圈加劇了德軍戰鬥態勢的惡化。1943年1月，蘇聯紅軍發起了又一輪代號為「木星行動」的攻勢，試圖突破頓河地區的義大利軍防線，攻取羅斯托夫。如果這次行動成功，德軍南部集團軍的餘部將被完全圍困在高加索地區。蘇軍雖然始終未能接近羅斯托夫，但是這次行動迫使德軍與史達林格勒包圍圈內的德軍相隔250公里以上的距離。事實上，史達林格勒的德軍第六集團軍已經完全失去了增援。

1月10日，蘇軍面對德軍拒不投降的態度，開始向德軍進攻，並將在史達林格勒內的德軍分割成兩部分。經過近20天的戰鬥，1月31日，德軍南方軍團被消滅，以第六集團軍司令為首的殘部投降。2月2日，德軍北集群殘部投降，史達林格勒會戰結束。至此，蘇軍消滅了德軍在蘇德戰場總

> 救世主塔

救世主塔（斯巴斯克塔）建於15世紀晚期，當時只是一座10層的紅磚塔。17世紀時，人們將克里姆林宮的鐘琴安置於救世主塔上，約200年之後，又對其進行翻新修葺。高聳的救世主塔的背後就是恢宏的克里姆林宮，不遠處即是著名的紅場。塔尖上有一個五角星裝飾，閃閃發亮，並如風向標般隨風而動。

兵力的四分之一（約150萬人），由德軍及僕從軍組成的最大軍隊集團徹底被消滅，這場持續了199天的保衛戰終於以蘇聯的勝利畫上了句號。

史達林格勒戰役的勝利，是蘇聯人民用巨大的代價換取的。在史達林格勒戰役的199天裡，蘇聯遭受了沉重的打擊，在戰爭後期德軍攻入城區的短短一星期內，就有超過4萬市民死亡，而在整個戰役中傷亡的人數更是無法準確統計，因此，史達林格勒戰役也有「第二次世界大戰時期最為慘烈的戰役」之稱。

史達林格勒戰役取得軍事上的勝利，具有重大的政治意義和軍事意義。這次勝利，使蘇軍從德軍手中奪取了戰略主動權，並一直保持到戰爭結束，同時，也鼓舞了世界各國人民同法西斯頑強鬥爭的決心。

VISIBLE HISTORY OF THE WORLD

關鍵詞：希特勒／庫斯克會戰

決戰庫斯克

■ 1943年

庫斯克會戰是蘇德在南方戰線上的又一次決定性的戰役，如果說史達林格勒會戰預示著德國法西斯的衰落，那麼庫斯克會戰則使法西斯面臨滅頂之災。在庫斯克會戰中，德軍的慘重失敗，使得納粹德國永久地喪失了戰場上的主動權，此後德軍再也沒有發起有威脅的攻勢，這次會戰也因為取得了巨大的成就，被世界人民生動地稱為「蘇軍戰勝德軍的里程碑」。

大戰前夕

庫斯克是俄羅斯西南部著名的城市。在俄羅斯歷史中，庫斯克曾是基輔羅斯時期的戰略要塞。20世紀時，庫斯克是當時蘇聯的鐵路樞紐，擁有大量的礦產資源，是重要的工業基地。

史達林格勒戰役以後，戰場形勢發生了有利於蘇軍的變化，德軍的士氣被極大地挫敗，德軍最高統帥部決定採取內線防禦政策。而希特勒認為，對蘇聯最好的防禦手段就是實施有效的進攻，而且要在冰消雪融、土地乾燥之後立即實施，搶在美英進攻歐洲的前面。這個看法得到了德軍統帥們的同意，於是為了取得戰役的勝利，德軍統帥部從1943年4月起就開始了大規模的準備，並制定了代號為「堡壘」的作戰計畫。

1943年7月，德軍在庫斯克地區的南北兩側，即別爾哥羅德地段和奧廖爾區域，以「中央集團軍群」和「南方集團軍群」為主，共集結了90餘萬人和火力相當猛烈的裝甲集團，擺出鉗型攻勢，企圖從南北兩個方向同時夾攻庫斯克。

面對德軍的強大兵力，蘇軍最高統帥部決定趁勢暫時轉入戰略防禦，集中優勢兵力，消滅德軍的有生力量，為更進一步的反攻創造條件。至此，庫斯克成了雙方投入兵力最多的戰場，參戰兵力多達400萬，火炮多達6.9萬門，坦克數量更是高達1.3萬輛，作戰飛機也有1.2萬架。蘇德雙方在此形成僵持，一場規模宏大的戰役即將爆發。

坦克大戰

1943年7月初，已經在庫斯克地區完成了戰略集結的蘇德雙方，戰爭氣氛異常緊張，一場血腥廝殺

> 庫斯克天主教堂

一觸即發。也是在這個時候，蘇軍從捕獲的戰俘口中得知德軍將在7月5日拂曉開始進攻。於是，蘇軍最高統帥部當機立斷，決定先下手為強。1943年7月5日凌晨2時，庫斯克會戰以蘇軍的大規模炮擊宣告開始。

面對蘇軍的突然攻擊，德軍不得不改變計畫，將突襲改為強攻。德軍以坦克為先鋒，大量步兵緊隨其後。各路進攻的坦克排成楔形，以每平方公里100輛的密度實施衝擊。與此同時，120架德國轟炸機在戰鬥機的掩護下對蘇軍陣地展開了瘋狂的轟炸。堅守在第一道防線的蘇軍同德軍展開了敵眾我寡的激烈戰鬥。他們憑藉坦克、反坦克炮及裝滿汽油的燃燒瓶給德軍以迎頭痛擊。一時間，整個戰場上硝煙彌漫、火光沖天。炮彈的呼嘯聲，震耳欲聾的爆炸聲，自動武器的射擊聲，坦克馬達的轟鳴聲交織在一起，驚心動魄。

經過兩天激戰，蘇德兩軍均遭到重創。到7月6日傍晚，南北兩方的德軍均突破了蘇軍的第一道防線。然而，在隨後幾天的戰鬥中，儘管德軍連續發動猛烈進攻，仍未達到對蘇軍進行合圍的目的。雙方一度暫時停火。

7月10日，在歐美大陸上，英美聯軍在西西里島登陸，義大利的戰勢惡化，這對德軍來說無疑是一個巨大的壓力。而在蘇德戰場上，還沒有接到義大利局勢緊張消息的德軍，又採取了新的作戰計畫。7月11日，德軍南方集團軍群司令曼施坦因將德軍的裝甲軍主力部隊全部轉入戰鬥狀態，決定於12日在南線對蘇軍發起新的攻勢。至此，庫斯克會戰進入了關鍵的第二階段，這也是第二次世界大戰中規模最大的坦克戰。

7月12日，以裝甲軍主力為核心的德軍在普洛霍羅夫卡附近同趕來增援的蘇軍第五坦克近衛集團軍和第五近衛集團軍展開了一場史無前例的坦克遭遇戰。這一天，蘇軍出動了大約850輛坦克，德軍則投入了約650輛坦克，雙方在15平方公里的戰場上進行了一場坦克「肉搏戰」。在戰鬥一開始，德軍裝甲軍就以每平方公里150輛坦克的密度向蘇軍展開了衝鋒，但是由於眾多坦克同時行進，其行駛速度每小時不過20公里，加之德軍戰線狹長，500至700輛德軍坦克擁擠在一起，難以發揮優勢。

蘇軍抓住這一機會，決定以快制慢，命令蘇軍坦克開足馬力衝入敵陣，利用近距離戰消滅德軍的裝甲主力。這一大膽的戰略令德軍始料不及，頓時陣腳大亂。最終，在一片混亂中，德裝甲軍遭到重創，在橫屍遍野的戰場上扔下了大約400輛東倒西歪的坦克殘骸，其中

< 中央鐵路博物館中的火車頭

坐落在俄羅斯聖彼得堡花園街的中央鐵路博物館建於1813年。起初，這裡是作為聖彼得堡路橋工程師協會的學習研究之所，於1862年正式對外開放。館內現存大量實物展品，如蒸汽機車、內燃機車及其車廂等。

^ 克里姆林宮紅場衛兵的更換

克里姆林宮位於俄羅斯首都最中心的博羅維茨基山崗上，南臨莫斯科河，西北接亞歷山大羅夫斯基花園，東南與紅場相連。它曾是俄國歷代帝王的宮殿，也是莫斯科最古老的建築群，享有「世界第八奇景」的美譽。

包括70至100輛「虎式」坦克。這次戰鬥徹底摧毀了德裝甲軍的戰鬥力，完全扭轉了庫斯克南線的戰局。

艱辛的勝利

就在德軍在坦克大戰中嚴重失利的情況下，7月13日，英美在西西里島登陸的消息傳到了蘇聯。面對法西斯同盟中義大利戰線的緊張局勢，希特勒緊急召回曼斯坦因，決定停止「堡壘」作戰，進而抽調兵力到義大利和巴爾幹半島，儘管曼斯坦因堅決反對，但希特勒還是撤出了主力部隊黨衛裝甲軍前往義大利。

蘇軍在得到義大利局勢緊張的消息時，立刻預測到德軍將要撤軍，所以在德軍主力離開蘇聯前往義大利的部隊剛剛啟動時，蘇軍就向德軍南方集團軍群發起大規模反攻，並於8月23日收復了卡爾可夫，至此，庫斯克大會戰以蘇聯的勝利宣告結束。

在庫斯克會戰中，德軍損失近50萬兵力、坦克1500餘輛、飛機3500餘架及火炮3000餘門。儘管蘇軍損失也很慘重，但蘇德戰場的主動權還是完全轉移到了蘇軍手中。史達林在評價庫斯克會戰的意義時說：「如果說史達林格勒會戰預示著德國法西斯的衰落，那麼庫斯克會戰則使它面臨滅頂之災。」正是透過這次戰役，蘇軍的戰略戰術得到了鍛煉，完全掌握了戰爭主動權。德軍從此徹底喪失了戰略進攻能力，不得不轉入全線防禦，因此庫斯克會戰的勝利，在世界史上具有重大意義。

歷史斷面

盟軍在西西里登陸

1943年7月10日，由英國伯納德・勞・蒙哥馬利指揮的第8集團軍、美國巴頓指揮的第7集團軍同時在義大利西西里島的東西兩地實施登陸作戰。

由於義大利的局勢的變化，納粹德國在該地區的兵力無法抵禦西方盟軍的進攻，同時，庫斯克會戰難以在短期內看到勝利的希望。希特勒決意抽調在庫斯克會戰前被重創的師，以及在史達林格勒戰役中被殲滅後重建的師組軍群去義大利。但納粹將領曼施坦因則強烈地反對，他認為蘇軍已是強弩之末，只要多堅持進攻十幾天德軍就能取得勝利。因此，希特勒同意曼施坦因繼續在南線進攻，並派遣了12萬增援部隊加強進攻戰役，這樣一來，德軍的進攻兵力最終達到了90萬餘人。

關鍵詞：軍事家／第二次世界大戰

「蘇聯英雄」朱可夫

■ 1896年～1974年

喬治・康斯坦丁諾維奇・朱可夫，這位由俄國伏龍芝軍事學院培養出來的優秀軍事家，在俄國衛國戰爭及第二次世界大戰中的蘇聯戰場上取得了卓越的成就，被認為是第二次世界大戰中最優秀的將領之一，也因此成為蘇聯歷史上僅有的兩名4次榮膺「蘇聯英雄」榮譽稱號的將領之一。

貧寒的幼年生活

朱可夫於1896年12月2日出生在俄國卡盧加省斯特列爾科夫卡村的一個貧苦農民家庭。他的父親是一位窮鞋匠，母親在一家農場裡幹活。父母每日的勞累和家境的貧寒，在朱可夫幼小的心靈上留下了很深的烙印。5歲那年，朱可夫上了小學，他的成績很好，常常得到獎狀。但是這種情景沒有持續多久，朱可夫11歲時，母親失去了工作，戰亂的社會使得父親的修鞋生意特別不好，貧窮的家境再也無力繼續供朱可夫上學了，懂事的朱可夫真切地理解父母的苦楚，沒有繼續升學。

母親看到朱可夫那麼喜歡讀書但又不得不放棄學業，內心十分難過，但是貧窮的家庭狀況已經使這位母親無法再顧及兒子的心情了。她安排年少的朱可夫到莫斯科跟做皮匠的舅舅當學徒。在朱可夫艱辛的5年學徒生活中，他從未放棄自學，他還曾通過了市立中學的考試。

∧青年時代的朱可夫

當時腐敗的沙皇統治就像一層厚厚的烏雲籠罩在東歐大平原上，這層「烏雲」下的人們每天都在為飢餓可憐地掙扎，儘管他們勤勞地耕作，努力地揮灑汗水，可還是吃不飽，貧窮的朱可夫家也是這樣。雖然朱可夫在艱辛的工作中不停地擠出時間來學習，但他也只想賺錢幫助父母養家糊口，從未想過以後要當一名軍人，更沒想過幼年的艱苦生活給他後來的軍事生涯帶來的最寶貴的東西——堅強的意志。

1914年，第一次世界大戰爆發了，俄國作為當時世界上的一個軍事大國，面對逐漸衰落的奧匈帝國和英法等先進國家的爭奪，對到嘴邊的「肥肉」不可能不動心。朱可夫就是在這一時期應徵加入沙俄軍隊騎兵團，開始了他「蘇聯英雄」的人生。

榮耀的軍事生涯

朱可夫加入騎兵團之後，以作戰英勇聞名於整個部隊，他在投入戰鬥兩個月的時間，先後兩次獲得了聖喬治十字勳章，從而在騎士團樹立了威信。

1917年，俄國十月革命爆發，蘇維埃掌握政權以後的第一個措施就是撤回俄國在第一次世界大戰戰場上的軍隊。朱可夫所在部隊的士兵委員會也決定遣散士兵回家。於是，在11月30日，朱可夫回到了莫斯科，並加入了布爾什維克黨。

1918年，蘇聯國內戰爭發生了，面對資產階級對政權的猛烈爭奪，以工農聯盟為代表的蘇維埃在蘇聯各地組織了紅軍赤衛隊，但是，朱可夫因患有嚴重的斑疹和傷寒而未能如願參加赤衛隊。直到8月，他才到莫斯科第一師第四團報到。1919年9月，朱可夫在紅軍和白軍激戰中，左腿和左肋被手榴彈的彈片炸傷，傷癒後不久，他就被任命為正式軍官，被派往莫斯科受訓。

國內戰爭結束後，朱可夫先後任騎兵連長、團長、旅長、師長、軍長及軍區副司令等職。他的勇敢精神和指揮才能得到了布瓊

> 莫斯科紅場外、國家歷史博物館前的朱可夫雕像

尼、伏羅希洛夫和伏龍芝的賞識，也引起了史達林的注意。1939年5月，諾門罕戰役爆發，朱可夫被派往邊境組織對日軍事部署。在朱可夫的指揮下，蘇聯軍隊大量使用裝甲兵，進行閃電戰式的立體機動作戰，最終合圍日軍，取得勝利。而朱可夫也因在這次戰役中的傑出表現被授予了「蘇聯英雄」的稱號。其實，真正讓朱可夫名垂青史的不是這次使蘇聯避免在第二次世界大戰中腹背受敵的重要戰役，而是第二次世界大戰中，朱可夫所採取的明智的軍事策略和在列寧格勒等重大城鎮保衛戰中的英勇表現。

20世紀40年代，朱可夫憑多年的作戰經驗早早地就覺察到了德國對蘇聯的不良企圖。1941年5月，正任蘇軍總參謀長的朱可夫提出了先發制人進攻德國的方案，但是被史達林否決了。1941年6月22日清晨，德軍果然向蘇聯發動了突然襲擊，蘇聯一時陷入慌亂。就在蘇聯還處在慌亂中時，德軍長驅直入，重點進攻基輔。朱可夫經過判斷，提出應該撤出基輔，避免被德軍合圍而造成更大損失。朱可夫的這一觀點和直率的性格使他與史達林發生衝突，據說就因為此事，他還獲得了「粗暴將軍」的稱號。

朱可夫在擔任預備隊方面軍司令員後，率領該方面軍在葉利尼亞地區成功實施了葉利尼亞反擊戰，粉碎了德軍的先頭部隊，穩定了當地的戰線。9月，列寧格勒告急，朱可夫受命出任方面軍司令。朱可夫到達列寧格勒之後，當即中止了正在研究撤退方案的會議，毫不留情地撤換了兩個集團軍司令，逮捕和處決了一些擅自撤退的軍官，並迅速擬定了守城計畫。透過自己堅強的意志帶動部下，合理、有效地利用了兵力進行重點防禦與反擊，有力地阻止了德軍的進攻，粉碎了希特勒妄圖奪取「社會主義革命搖籃」的幻想。

10月，首都莫斯科告急，朱可夫又被調回莫斯科，全面負責莫斯科防禦戰的指揮。朱可夫著手在莫斯科近郊以西建立起堅強的防線，頂住了德軍第四集團軍的正面強攻，使德軍筋疲力盡、銳氣喪盡。當寒冬來臨之際，蘇軍對疲憊不堪的德軍發起強大的反攻，迫使德軍敗退，取得了莫斯

^在柏林卡爾斯特的蘇軍總部簽署德國投降協定時的朱可夫（中）

科保衛戰的勝利。德軍不得不改閃擊戰為持久戰。

1942年夏，史達林格勒前線告急，史達林任命朱可夫為最高副統帥，趕赴史達林格勒前線督戰。朱可夫到任後，立即與華西列夫斯基制訂作戰計畫，將德軍主力緊緊鉗制在史達林格勒城下，使得史達林格勒一戰全殲德軍25萬，成為蘇聯衛國戰爭的偉大轉捩點。

1945年，朱可夫作為白俄羅斯第一方面軍司令率軍攻克柏林，並於5月8日深夜，主持納粹德國無條件投降儀式，並代表蘇聯簽字，標誌著長達6年的第二次世界大戰終於結束了。戰後，由於戰功顯赫和自身性格的缺點，朱可夫遭到史達林的猜忌，此後職位一直下降。到20世紀50年代，他已經被貶到戰略位置次要的烏拉爾軍區任司令員。1953年，史達林逝世前將朱可夫召回了莫斯科，並讓他參與了逮捕貝利亞的行動，朱可夫因此成為國防部第一副部長。

1957年，已任國防部部長的朱可夫因為被捲進了當時赫魯雪夫與莫洛托夫、布爾加寧等人的職權爭奪戰而被免職。閒居期間，朱可夫寫下了《回憶與思考》、《在保衛首都的戰鬥中》、《庫斯克突出部》、《在柏林方向上》等軍事著作，記述了第二次世界大戰蘇德戰場的許多著名戰役，並闡述了他的軍事思想。

1974年，朱可夫去世，他的墓地被安置在了克里姆林宮牆外。

卓越的功勳

朱可夫是卓越的軍事戰略家，功勳卓著，先後獲得列寧勳章6枚、十月革命勳章1枚、紅旗勳章3枚、一級蘇沃洛夫勳章2枚、「勝利」最高勳章2枚以及獎章和外國勳章多枚，並4次榮獲「蘇聯英雄」稱號。第二次世界大戰期間，他先後指揮了列寧格勒保衛戰、莫斯科保衛戰、史達林格勒會戰等戰役，成功地粉碎了納粹德國的侵略，並率領蘇聯紅軍攻占柏林。朱可夫為蘇聯衛國戰爭和世界反法西斯戰爭做出了突出貢獻，作為俄羅斯民族英雄被載入史冊。朱可夫已成為戰場上勝利的象徵，為後人所敬仰。

另外，朱可夫善於運用豐富的實踐經驗訓練軍隊，具有組織指揮大軍團作戰的卓越才能，他在訓練與作戰中所表現出的軍事學術原則，已成為蘇聯軍事學術領域裡寶貴的財富。

歷史斷面

「粗暴將軍」的由來

1941年7月29日，面對德軍銳不可當的進攻情勢，朱可夫向史達林報告，並建議蘇軍放棄基輔，以便組織兵力保衛莫斯科。史達林聽後大怒，絲毫不顧禮節地喊道：「怎麼能把基輔交給敵人，真是胡說八道！」朱可夫忍不住反駁：「如果你認為總參謀長只會胡說八道，那還要他幹什麼？我請求解除我的總參謀長職務，把我派到前線去。」幾個小時後，朱可夫就被解除總參謀長的職位，成了一個方面軍司令員。但是，後來的事實證明，朱可夫放棄基輔的建議是正確的，而他敢於與史達林直面反駁的勇氣，也使他得到了「粗暴將軍」的稱號。

關鍵詞：華西列夫斯基／反法西斯

華西列夫斯基傳奇

■ 1895年～1977年

華西列夫斯基也是一位在第二次世界大戰中成長起來的蘇聯將領，他與朱可夫並稱為蘇聯偉大領袖史達林的左膀右臂。在戰爭中，華西列夫斯基是一個令法西斯德軍和日本關東軍聞風喪膽的名字，因為他在戰鬥中的優秀表現，至今他的名字仍深深地銘刻在包括中國人民在內的反法西斯同盟國人民的心中。

^ 青年時期的華西列夫斯基

夢想的改變

1895年9月30日，俄國窩瓦河流域中部平原新戈利奇哈鎮的一個神父家裡迎來了他們的又一個孩子，這個孩子就是後來威名遠揚的華西列夫斯基將軍。當時，華西列夫斯基的父親還是村子教堂合唱團的指揮和誦經士，雖然後來被派到諾沃波克羅夫斯科耶當神父，但是他微薄的收入仍不足以滿足這個多子女家庭最起碼的生活需要，因此，華西列夫斯基和兄弟姐妹從小就不得不到菜園和田地裡從事勞動。

在學業方面，由於父親是神父，華西列夫斯基最早的啟蒙教學是在家鄉附近的一所教會辦的學校開始的。因為父親的影響，小華西列夫斯基知道，他以後的職業一定會和父親一樣與辛勞的農民分不開。1909年夏天，他從基涅什馬神學學校畢業後，聽從父親的安排，進入了科斯特羅馬神學學校學習。在這一時期，他接觸了先進的民主主義思想，參加了學生中的進步活動，其中，工人為反對資本家剝削進行的罷工運動，對華西列夫斯基的影響很大，他的人生志向第一次有了動搖。

1914年8月，席捲歐洲的第一次世界大戰爆發了。當時，華西列夫斯基正在家鄉過暑假，本來他為自己安排的未來是從神學學校畢業，然後進入農業學校，將來當一名農學家。然而，戰爭爆發了，作為一個熱血青年，他被保衛祖國的口號所激勵。於是，他和幾位同班同學提前畢業，並於1915年2月來到莫斯科，進入阿列克夫謝耶夫軍事學校，即後來的伏龍芝軍事學院學習。

華西列夫斯基在阿列克夫謝耶夫軍事學校接受了為期4個月的速成訓練，由於沙皇軍隊在戰場上連遭敗績，軍官嚴重不足，華西列夫斯基畢業後立即被編入預備隊，獲準尉銜。至此，一個曾夢想成為農學家的華西列夫斯基，最終成了一名保家衛國的軍人。

戰火中的錘鍊

1916年，懷著滿腔熱血準備報效國家的華西列夫斯基，剛剛從軍事學院畢業就被派到西南方面軍的第九集團軍步兵第103師新霍皮奧爾斯克團，同奧匈軍隊作戰。在此，他接受了軍旅生涯的第一次戰火洗禮，也嘗到了軍旅生涯的滋味，此間，他還被任命為連長。但是，他沒想到戰爭會越打越長，沙俄軍隊在戰場上也連遭敗北。1917年11月，華西列夫斯基受十月革命和軍隊內布爾什維克思想的影響，認清了自己身處的舊軍隊的性質，毅然決然地辭去軍職，回到了家鄉。

回到家鄉的華西列夫斯基，面對十月革命剛剛爆發之際、軍隊內部混亂不堪的局面，決定再回去繼續他當農學家的舊夢。這一年，他22歲。然而，當時動盪的社會現狀根本不可能給他提供這樣的機會和可能。他先是受家鄉蘇維埃軍事部的邀請擔任軍訓處的教官，後來又在一所小學擔任教師。1919年4月，由於國內形勢日益緊張，華西列夫斯基被新西爾縣召去，並參加了工農紅軍，被任命為軍官。從此，華西列夫斯基就同蘇聯紅軍緊密地聯繫在了一起。

華西列夫斯基加入紅軍後，立即投身到平息鄧尼金白匪叛亂和反擊波蘭武裝干涉的戰鬥中。不久，華西列夫斯基因其在部隊中的優異表現，先後擔任連長、營長、團長等職務，並獲得了上校軍銜。1939年，德國法西斯開始大肆對外侵略，華西列夫斯基以總參謀部作戰部副部長的身分，參與了對芬蘭作戰行動計畫的制訂工作。蘇芬戰爭結束後，他把主要精力投入到擬定擊退可能的入侵計畫中去。在擬定作戰計畫的過程中，華西列夫斯基和同事們都認定，希特勒領導下的納粹德國將是蘇聯最可能和最主要的敵人。後來的事實證明，華西列夫斯基等人的推測是正確的。

1941年6月22日清晨，德國對蘇聯不宣而戰，華西列夫斯基被任命為作戰部長和副總參謀長。8月和9月，蘇軍的情況繼續惡化。10月初，華西列夫斯同國防委員會前往格扎茨克和莫扎伊斯克地區，他負責把從西部撤下來的部隊派往莫扎伊斯克防線組織防禦。回到莫斯科後，華西列夫斯基同大家夜以繼日地工作。10月下旬，德軍繼續向莫斯科進犯，莫斯科各主要方面都在激戰。而華西列夫斯基作為莫斯科作戰參謀小組的負責人，全面且正確地估計了前方形勢，向大本營提供前方形勢的準確情報，根據大本營做出的戰役戰略決定，擬定具體方案和訓令，對大本營一切決定的貫

^ 易北河上的握手

1945年4月25日，美蘇兩軍同時攻入了易北河上的托爾高城，納粹德國軍隊被徹底地截成了兩段。圖為叼著香煙的美國大兵把手伸向了自己的盟軍，略帶幾分靦腆的紅軍戰士也伸出了自己沾滿硝煙的手。

徹情況進行嚴格監督。因為在莫斯科保衛戰中的突出表現，他又獲得了中將軍銜。

德軍在進攻莫斯科城失敗後，開始轉向南方戰線進攻蘇聯的重工業基地——史達林格勒。1942年5月，升任為蘇軍總參謀長的華西列夫斯基根據統帥部的意圖，主持總參謀部擬制了一系列重大作戰計畫和方案，領導和解決了各方面軍作戰中的許多具體問題。

7月23日，華西列夫斯基作為大本營的代表來到對戰局起決定性作用的史達林格勒方面軍。為了解除德軍對蘇軍的合圍威脅，他建議使用坦克對敵軍實施反突擊。這不僅打破了敵人的圍殲計畫，還阻止了敵人一舉拿下史達林格勒的企圖。

1942年11月19日晨，史達林格勒籠罩在一片濃霧中。突然，炮聲隆隆，集結在史達林格勒南北兩面的蘇軍出敵不意地發起了攻勢，迅速將33萬德軍合圍。1943年2月2日，33萬德軍全部被殲滅。史達林格勒戰役被公認為是第二次世界大戰的轉捩點。為這一戰役計畫的制訂和執行，蘇軍總參謀長華西列夫斯基付出了大量心血。他協調其他戰場，解決了一系列重大問題，保證了史達林格勒會戰的勝利，顯示出了卓越的軍事才能。

史達林格勒會戰結束後，華西列夫斯基又協助各方面軍領導進行了奧斯特羅戈日斯克－羅索什進攻戰役、庫斯克會戰、解放頓巴斯戰役、克里米亞的作戰行動和白俄羅斯戰役等。白俄羅斯戰役也是蘇聯衛國戰爭中規模最大的進攻戰役之一。華西列夫斯基根據史達林的設想，在戰役準備階段，詳盡審閱了被命名為「巴格拉季昂」的作戰計畫，還幫助大本營完成了各方面軍的調動和集中，推薦適合擔任新編組各方面軍司令的人選。完成這一系列準備工作後，他又深入各部隊檢查戰役準備情況，實施最直接的戰役指揮。透過這次戰役，蘇軍基本殲滅了德軍中央集團軍群，解放了白俄羅斯全境，為蘇軍後期的戰略進攻創造了條件。

1945年4月，華西列夫斯基受命與總參謀部的人員一起制訂了遠東作戰計畫。1945年7月，華西列夫斯基被任命為遠東蘇軍總司令，指揮對日本關東軍作戰。8月8日，蘇聯政府對日宣戰。華西列夫斯基指揮150餘萬蘇軍發起進攻，進入中國東北。僅用10天，蘇軍就在3個作戰方向上分別挺進了200公里至800公里，將日軍集團孤立。8月15日，日本宣布無條件投降。8月下旬，關東軍陸續被解除武裝。戰後，華西列夫斯基先後擔任總參謀長、武裝力量部部長、國防部第一副部長、國防部總監等職，在蘇聯的武裝力量建設中做出了重大貢獻。1977年，卓越的軍事家華西列夫斯基逝世。

∧蘇聯武裝力量高級將領合影

從左到右依次是：科涅夫、托爾布欣、華西列夫斯基、馬利諾夫斯基、朱可夫、戈沃羅夫、羅科索夫斯基、安東諾夫、梅列茨科夫和巴格拉米揚。

華西列夫斯基在第二次世界大戰中，與朱可夫元帥一起指揮了許多重大戰役。華西列夫斯基老練穩重、平易近人，以及其對戰爭的敏銳嗅覺，在戰爭中起到了重要作用。正是由於華西列夫斯基在莫斯科保衛戰、史達林格勒會戰、列寧格勒會戰等各大戰爭中的參謀作用，保證了蘇聯在第二次世界大戰中的勝利。

歷史斷面

遠東戰役中的重要一役

華西列夫斯基在1945年8月9日至9月2日的24天時間裡，統帥遠東蘇軍158萬餘人，對日本關東軍31個師團、13個旅團約97萬人給予毀滅性的打擊，共斃傷俘虜日軍68萬餘人，俘虜將領148名，其中有22個師團、12個旅團是不戰而降的。遠東戰役的勝利讓華西列夫斯基成為日本關東軍的「掘墓人」而被載入史冊，為其輝煌的軍事事業上再添光彩的一筆。

專題

雪地裡的精靈——俄羅斯芭蕾舞

⊙芭蕾舞⊙瓦爾貝爾赫⊙迪德洛

作為孕育在義大利皇室、降生在法王路易王宮裡的一種藝術，芭蕾舞劇在誕生之初，便因其優雅的舞姿，新奇的足尖點地法，在啟蒙運動的大潮中閃爍著它獨特的光芒。而它那足尖上的舞蹈，也隨著俄國面向歐洲敞開的懷抱，而逐漸融入了斯拉夫人的藝術生活，並在後來在俄羅斯大地上的思想文化的不斷碰撞與融合中，逐漸日臻完美、璀璨了起來。

初入俄羅斯

17世紀末，一群西歐來的舞者第一次在沙皇的面前表演了芭蕾舞劇《奧爾甫斯》。而芭蕾那新奇的舞步和舞者本身所獨有的魅力，驚豔到了在場的許多俄國皇室成員。很快，在後來的沙皇葉卡捷琳娜二世的直接關懷下，各地的芭蕾舞團猶如春風吹過的三月一樣，在俄國遍地開花。而芭蕾舞，也成為一種新的時尚，席捲了當時整個俄國的上層社會，俘獲了許多才男俊女的心。在芭蕾舞不斷普及的過程中，以聖彼得堡和莫斯科兩大文化中心而設立的聖彼得堡戲劇學校（今列寧格勒舞蹈學校），和莫斯科教養院的芭蕾舞班（今莫斯科舞蹈學校）則因資金充足、積澱深厚而逐漸成為俄國的兩大芭蕾舞交流中心。此時，面向中低層民眾的農奴劇團也開始出現。雖然那時，芭

▲正在進行芭蕾舞訓練的俄羅斯女孩

蕾舞在俄國發展迅猛，但是它的內容呈現出較為明顯的差別——以聖彼得堡戲劇學校為中心的一類芭蕾舞團，因其受到貴族喜好的影響，過於注重場面的宏大和舞臺的豪華，而內容空洞無味、乏善可陳；而以莫斯科烏盧梭夫芭蕾舞團為代表的一些芭蕾舞團，則由於受到平民和知識分子的影響，其表演的芭蕾舞劇大多取材於底層人民的日常生活，並且表演風格多具有較強的民主主義特徵。但不管是任何一類的芭蕾舞團，其舞劇的情節、內容和表演形式都尚未形成俄羅斯民族自身的特色，還一直拘泥於西歐芭蕾舞劇的繁文縟節之中。真正意義上的俄羅斯芭蕾舞，則是在100多年後才開始慢慢形成。

芭蕾舞者的舞鞋

「俄羅斯的芭蕾之花」

在芭蕾舞傳入俄國100多年以後，1795年，在當時聖彼得堡的一個普通劇場裡，一場由一位名叫瓦爾貝爾赫的本地編導編排的舞劇《幸福的懺悔》正在上演。正興致勃勃地觀看演出的觀眾們沒有一個人意識到，這場與以往的西歐芭蕾風格迥異的新劇，正在拉開一場俄國芭蕾舞藝術變革的序幕。

作為俄羅斯芭蕾舞藝術中少數幾個本民族編導，瓦爾貝爾赫用他的這部處女劇，第一次打破了外國編導對俄羅斯芭蕾舞的壟斷地位；而劇中處處透露出的傷感主義，也開始預示著一種完全不同於西歐風格的本土化趨勢已經開始漸漸出現。在隨後的1799年，他的又一力作《新維特》則將這一趨勢體現得淋漓盡致：在這一舞劇中，除了延續傷感主義作風外，編導還大膽地採用當時社會中的真人真事，並將男士的燕尾服、女士的連衣裙等流行著裝融入舞劇中。而這些對芭蕾舞藝術的成功嘗試，很快就在俄國啟蒙運動的影響下，逐漸轉變為對一種全新的、更具俄羅斯風格的芭蕾舞藝術的探索與創新。

在18世紀至19世紀，那個俄國啟蒙運動高漲的時代，俄羅斯芭蕾舞也深受其影響，開始形成了「傷感主義芭蕾」這一新的表演題材。這一新的類型近似於文學藝術中的傷感主義文學，它強調透過著力於對新人物（即當時的底層人民）的情感和個性的刻畫，來表達出與傳統芭蕾舞不同的「新主題」——反對偏見，追求人人平等。這當中最突出的代表，便是瓦爾貝爾赫。他不僅開創了俄國芭蕾舞發展的新天地，還在隨後的創作中，逐漸嘗試透過對默劇等無聲表演方式的運用，從而使作品達到深刻感人、與觀眾產生情感共鳴的效果。瓦爾貝爾赫不斷地將自己的創作方式理論化，並且作為俄羅斯芭蕾史上的第一位理論家，他第一個提出了將「俄羅斯表演風格、法蘭西的結構形式、義大利的默劇和嫻熟技巧三者綜合一體」的主張。

這一時期俄羅斯芭蕾的發展，除了瓦爾貝爾赫的影響，還有迪德洛的貢獻。作為從小就隨父親學習芭蕾舞的法國編導，迪德洛曾兩度來俄工作，並且他兩次訪俄的工作重點也不盡相同：剛到俄國時，他一味迎合俄國上層貴族的喜好，照搬法國芭蕾舞的表演形式，編排了一大批與古希臘有關的芭蕾舞劇。雖然其表演形式典雅宏大，舞步輕盈，詩意盎然，內容卻缺乏內涵，浮於表面。然而，他卻看到了俄國的舞蹈演員們的巨大潛力，在聖彼得堡戲劇學校就任時，培養了一大批如達尼洛娃、伊斯托米娜和格盧什科夫斯基等後來著名的俄國舞蹈家。當他第二次訪俄時，他的創作重點開始從迎合法國文化開始向反映貴族知識分子的民主主義情節傾斜。諸如1817年的英雄悲劇《匈牙利農舍》、1819年的《拉烏爾・德・克列基》等便是很好的印證。在個人創作之餘，迪德洛也開始強調演員的自我修養——他不僅要求演員熟練於舞蹈技巧，還強調演員對擬態表情的掌握，以及對所表演角色的自我理解。這些都在後來，他根據普希金的詩歌改編的《高加索的俘虜》，以及他的學生格盧什科夫斯基改編的《盧斯蘭與魯蜜拉》、《黑色披巾》以及《三

▲在俄羅斯聖彼得堡，芭蕾舞演員們正在演繹柴可夫斯基的著名舞劇《天鵝湖》。

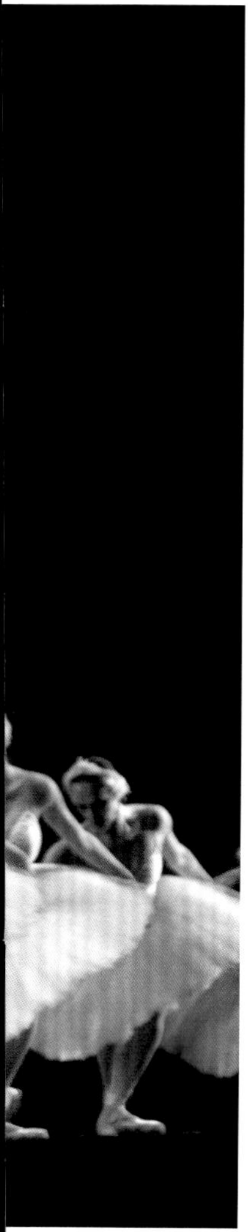

條腰帶》當中體現了出來。而上述的四大舞劇，無一例外都對俄國芭蕾舞民族風格的形成起了關鍵作用。

復興的使命

1825年，「十二月黨人起義」失敗，沙皇對俄國各階層的反動統治不斷加強。對描寫國內生活的現實主義藝術的壓制，卻意外地引起了西歐浪漫主義藝術在俄國的發展與繁榮。同時，外國著名的舞蹈家，如塔利奧尼父女、格麗西等接連訪俄，俄羅斯芭蕾舞開始進入了快速發展的階段。雖然在1861年農奴制被廢除後，芭蕾舞一度因淪為任由宮廷消遣的「玩物」而飽受指責，但依舊在彷徨與危機中獲得一定的發展。

蓬勃發展

隨著芭蕾舞劇在西歐的日漸衰落，俄羅斯芭蕾舞在整個歐洲芭蕾舞界的地位便變得日漸重要起來。特別是19世紀40年代開始，大批的外國舞蹈家接連訪問俄國，在眾多國內外藝術家的共同努力下，俄羅斯芭蕾舞在繼承原有風格的基礎上，又汲取了法國、義大利兩大舞派的精華，開始形成了自己的舞蹈流派——俄羅斯舞派。並且在後來的柴可夫斯基以及珀蒂帕、伊凡諾夫等人的不斷嘗試與創新中，獲得對自身的完善與提升。19世紀末，由柴可夫斯基譜曲的《天鵝湖》、《睡美人》、《胡桃鉗》等芭蕾舞劇在俄國和世界各國相繼上演，隨即轟動世界。尤其是柴可夫斯基為舞劇音樂所帶來的豐富的形象內容、戲劇性的動作和交響樂的發展，使人們開始重視透過音樂為舞劇塑造形象、敘述事件，進而啟發和豐富了舞劇編導的舞蹈交響化思想。

20世紀初，俄羅斯芭蕾舞經過不斷的發展，已經在世界芭蕾舞壇中占據主導地位，並且擁有自己的保留劇目、表演風格和教學體系，同時，湧現出了大批表演和編導人才。這時的俄羅斯芭蕾已經到達了其發展的黃金時期。1913年，達基列夫俄羅斯芭蕾舞團在蒙特卡洛成立，並開始在歐美巡迴演出，標誌著俄羅斯芭蕾開始向歐洲回送古典曲目，促進了歐洲芭蕾舞藝術的復興。即使1929年，舞團創始人達基列夫去世，該舞團解散，但其成員仍旅居歐美各地，為各國芭蕾舞藝術的復興與重建做出了重要貢獻。

一個俄羅斯芭蕾舞者正在「天鵝湖」的獨奏曲中完成一個絕美的「旋轉」。

第五章

戰後大國

20世紀末世界風雲變幻，蘇聯更是經歷了一場翻天覆地的變革。世界上第一個，也是最大的社會主義政權宣告解體。蘇聯解體，加盟共和國紛紛獨立。脫胎換骨之後，留下的是一個新生的俄羅斯聯邦。它經過陣痛和迷惘，最終重新屹立於世界民族之林。

在近現代俄羅斯這片土地上，孕育而生了許多豐碑般的人物，他們為人類文明做出了傑出貢獻，在文學、藝術、音樂、科技等方面結出累累碩果。

VISIBLE HISTORY OF THE WORLD

關鍵詞：華約／軍事政治同盟

華約的建立

■ 1958年～1991年

第二次世界大戰結束後，西方國家決定建立一套新的世界政治秩序，以維護戰後西方國家的和平、安全，促進各國經濟發展。於是在第二次世界大戰以後，以英國、法國、義大利為首的西歐、北美國家建立了一個國際公約組織，即北大西洋公約組織（簡稱「北約」）。而蘇聯為了保證自己的利益，相對於北約，與捷克斯洛伐克、保加利亞、匈牙利、民主德國、波蘭、羅馬尼亞、阿爾巴尼亞等國簽署了《友好互助合作條約》，同年6月條約生效時正式成立了軍事政治同盟——華沙條約組織（簡稱「華約」）。

北約的出現

提到「華約」，就不得不先說「北約」。1945年9月，日本在美國「密蘇里號」戰列艦上簽署無條件投降書，標誌著由德國、義大利、日本三國組成的法西斯同盟掀起的長達6年的世界大戰終於結束了。戰後世界分為兩個陣營，一個是以美國、英國、法國為代表的資本主義陣營；另一個是以蘇聯為首的社會主義陣營。

^ 1945年，時任美國總統羅斯福、英國首相邱吉爾和蘇聯共產黨總書記史達林3位大國元首在黑海北部克里米亞半島的雅爾達皇宮內舉行了一次關於制訂戰後世界新秩序和列強利益分配問題的關鍵性首腦會議——雅爾達會議。

面對紅色政權如火如荼的發展，西方歐美等國害怕這股紅色火焰燃燒到自己的領土範圍內，決定遏制蘇聯的發展。1949年4月4日，英國、法國、比利時、荷蘭、盧森堡、丹麥、挪威、冰島、葡萄牙、義大利、美國及加拿大共12個國家，在華盛頓聯合簽署了《北大西洋公約》，歷史上稱這個組織為北大西洋公約組織（簡稱「北約」）。

其實，北約是美國、英國兩國在北大西洋地區實施的一次擴張，早在大西洋聯盟醞釀之初，美國、英國就計畫將整個北大西洋地區都納入集體防禦的範圍，英國外交大臣貝文在1948年2月向議會發表的題為《英國外交政策的首要目標》的演講

^1968年8月，華沙條約組織入侵捷克斯洛伐克期間，蘇聯裝甲偵察車「BRDM-1」和機槍「SGMB」。

中，清楚地描述了未來西方聯盟的範圍，即「……我們應該組織一個由美國和自治領支持的西方民主體系，其中包括斯堪地那維亞半島國家、低地國家，法國、義大利、希臘、可能還有葡萄牙。一旦條件許可，我們還希望包括西班牙、德國，因為沒有它們，西方體系是不完整的」。

從這番話裡，可以清晰地看出北約組織的真正目的，美國作為第二次世界大戰後發展起來的新興國家，無論在經濟上、政治上，都堪稱世界大國，為了穩固強國的地位，美國不得不為以後可能發生的世界大戰作充分的準備，與此同理，其他國家也是如此。於是，北約組織準備吸納義大利、德國及葡萄牙等作為成員國。因為有義大利、德國的加入，西方防禦體系才算完整，而葡萄牙及其海岸島嶼則不僅被視為美國及盟國海岸力量進入或退出歐洲大陸的關鍵著陸點，還被視為美國制訂其南美、西部和南部非洲、波斯灣以及近東防務戰略所要考慮的中心要素。

北約組織建立之初，其防務安全思想中就強烈滲透了謀求全球軍事對抗、遏制和包圍蘇聯東歐社會主義集團的戰略思考。於是，繼12個成員國之後，美國、英國又透過不同手段促使歐洲其他國家加入這個組織。如1950年朝鮮戰爭爆發，對歐洲冷戰格局產生了強烈衝擊。北約組織作為西方陣營冷戰的工具，其冷戰化軍事——政治職能進一步明確，為了尋求歐洲防務安全、謀求東西方的「新戰略平衡」，希臘與土耳其也被吸入了北約組織，與義大利組成了北約組織的地中海戰線。

20世紀50年代，隨著北約組織的繼續擴張，聯邦德國（西德）成為他們建立完整的西方防禦體系的新目標。德國處於歐洲的中心地帶，此時北約組織與蘇聯東歐集團一直在常規軍事領域存在較大差距，沒有聯邦德國參與的北大西洋防務安全體系，可以說是在其防務中心地帶向敵方敞開了大門。聯邦德國的加入，不僅可以彌補北約與蘇聯東歐集團在常規軍事力量上的差距，還可以有效地填補中歐戰略中心的空白，強化北約組織的防務安全。於是，1955年5月聯邦德國以一個主權國家的身分加入了北約組織。從此，一個完整的西方防務安全體系完成了，這無疑對蘇聯及正在發展中的紅色政權國家是個極大的威脅。在聯邦德國正式加入北大西洋公約組織後，蘇聯也組建了華約組織。

華沙的對抗

早在第二次世界大戰結束時，以美國、英國為首的資本主義國家和以蘇聯為首的社會主義國家就清楚地意識到，關於社會制度間的戰爭一定會爆發。不過，這場全面的「東方對西方」的戰爭並未真正發生，其中最

> 1986年1月1日，以美國為首的北太平洋公約組織，在德國紐倫堡舉行軍事演習。

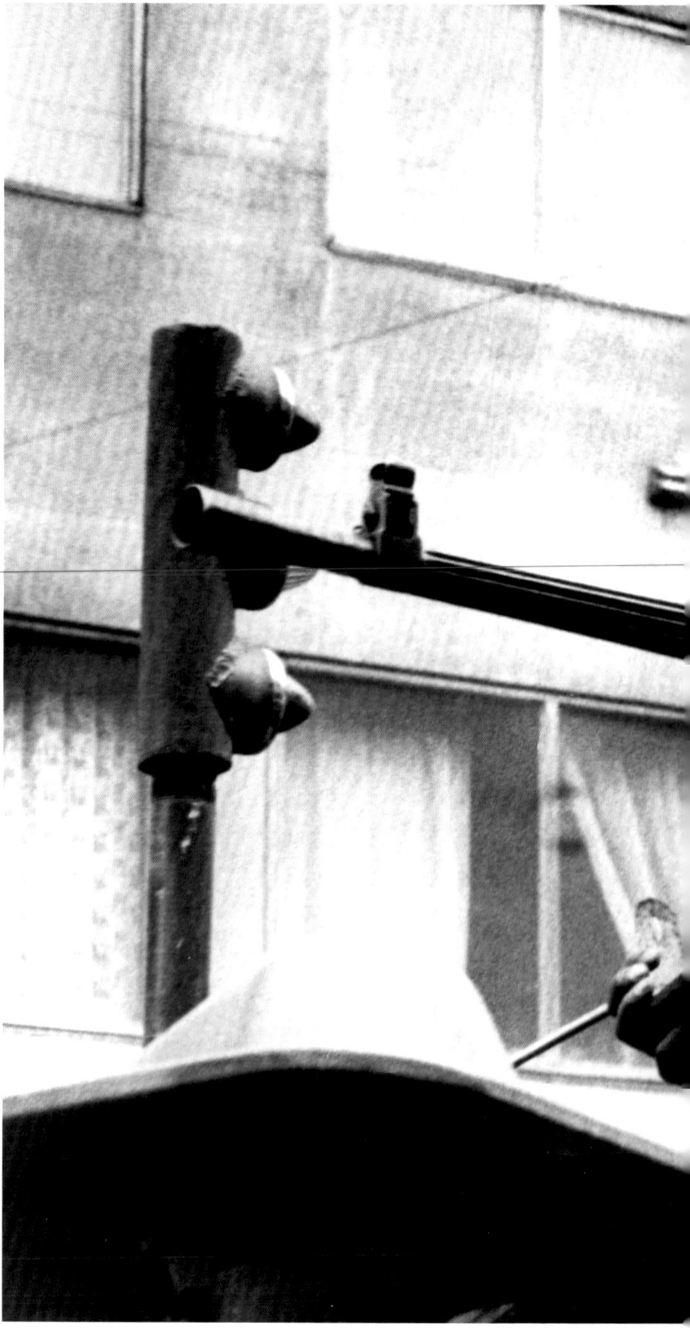

KINO

大的原因是雙方都擁有大量核武器，一旦直接發生衝突，可能導致全人類的毀滅。因此雙方都盡力避免發生全面的「熱」戰，只在經濟、哲學、文化、社會和政治立場等方面嚴重對立。

1955年，冷戰局勢進一步擴大，在聯邦德國加入了北約組織的背景下，5月14日，蘇聯、阿爾巴尼亞、保加利亞、民主德國（東德）、波蘭、羅馬尼亞、捷克斯洛伐克、匈牙利8國在華沙締結《友好合作互助條約》，致力於「國際和平和安全」，並以「和平方式解決國際爭端」。歷史上將這次條約統稱為《華沙條約》，而加入《友好合作互助條約》的各國，與北約組織相對立，簡稱為「華約組織」。

《華沙條約》規定：如果在歐洲發生了任何國家或國家集團對一個或幾個締約國的武裝進攻，那麼每一締約國應個別地或透過同其他締約國的協議，以一切它認為必要的方式，包括使用武裝部隊，立即對遭受這種進攻的某一個或其幾個國家給予援助。條約有效期為20年，締約國在條約期滿前一年如果沒有提出宣布條約失效的聲明，條約將自動延長10年，條約將在全歐集體安全條約生效之日起失效。

華約組織成立以後，各締約國就統一行徑，對重大國際問題進行統一磋商、協調立場，尤其是在軍事方面研究制訂統一的戰略方針和行動計畫，並經常舉行各種軍事演習，蘇聯在其他一些締約國派駐幾十萬軍隊。華約組織隨著蘇美冷戰的發展，一直持續到1991年蘇聯解體。1991年2月25日，華約政治協商委員會特別會議宣布：華約軍事機構從1991年4月1日起全部解散。7月1日在布拉格舉行的最後一次華約政治協商委員會會議簽署議定書，宣告《華約條約》有效期結束。從此，這個持續了近40年的軍事集團最終因各國的利益分歧而解體。

世界影響

華約組織作為全球兩大軍事集團之一，對於歐洲安全和世界局勢具有重要影響。正是由於《華沙條約》的簽訂，社會主義國家在政治、經濟和軍事上完全聯結在一起，社會主義陣營最終形成。華約組織的建立，有力地對抗了西方國家陣營透過北約組織推行的各種計畫，有效地抗衡了北約組織勢力對東歐國家的威脅與干涉，維護了社會主義國家既有的穩定情勢。同時，北約、華約兩大國際組織的成立，也標誌著雙方以冷戰為形式的軍事對抗正式開始。

歷史斷面

1991年華沙條約組織解散

1955年5月，由蘇聯及東歐八國建立的華沙條約組織，是冷戰的產物，該組織在蘇聯的控制下一直奉行對抗北大西洋公約組織的軍事戰略。1989年～1990年，東歐形勢發生劇變，東歐各國新政府紛紛大幅度調整軍事戰略，華約存在的基礎發生動搖。在這種形勢下，各成員國普遍要求解散該組織。1991年2月25日，華約政治協商委員會在布達佩斯召開特別會議，與會的保加利亞、波蘭、捷克斯洛伐克、羅馬尼亞、匈牙利和蘇聯的外交部部長、國防部長以及華約聯合武裝部隊負責人簽署了一項議定書，正式宣布從1991年3月31日起，華約所有軍事組織和機構全部解散，停止一切軍事活動。4月1日，華約組織最終解體。7月1日，上述6國的領導人又在布拉格舉行了華沙條約組織政治協商委員會會議，與會各國簽署了關於使1955年5月14日於華沙簽署的《友好合作互助條約》（即《華沙條約》）和1985年4月26日延長上述條約有效期限的議定書停止生效的議定書，華約組織宣告終結。華約組織解體，使戰後長期存在的兩極對峙格局中的一極不存在了，極大地影響了歐洲的戰略形勢，並對世界格局產生了重要影響。

VISIBLE HISTORY OF THE WORLD

關鍵詞：美蘇／冷戰

1958年～1961年柏林危機

▪ 1958年～1961年

1958年～1961年柏林危機在歷史上也被稱為第二次柏林危機，指的是美國和蘇聯之間圍繞西柏林地位問題發生的第二次衝突事件。從20世紀50年代開始，美國和蘇聯就西柏林的問題再生爭端，甚至有動用核武器的危險。1958年～1961年的柏林危機是20世紀60年代美蘇冷戰高潮的一個主要標誌，這場危機對東西方關係的發展，以及北約組織與華約組織兩大陣營內部關係的變化都產生了深遠的影響。

對德政策的改變

第二次世界大戰後初期，蘇聯對德國的政策主要是力圖保持戰後德國的持久衰落，而在能滿足這一目標的前提下，蘇聯並未刻意追求德國本身的統一或分裂。1949年10月，經過了第一次柏林危機的德國分別成立了德意志民主共和國（簡稱民主德國、東德）與德意志聯邦共和國（簡稱聯邦德國、西德）。因為西柏林駐有英軍、法軍，在政治、經濟上與聯邦德國關係密切，所以西方國家利用西柏林特殊的地理位置，不斷地對民主德國和東歐國家進行拉攏，而西柏林成為東西冷戰的「前哨城」。

1954年，西方國家對柏林的拉攏積累到了一定的程度，西德以聯邦德國的身分加入了北約，並且有了自己的武裝，這無疑刺激了蘇聯對德政策的改變。所以自1955年起，蘇聯就開始明確推行其「兩個德國」的對德政策，這一政策的主要目的就是促使戰後德國分裂現狀的永久化與合法化。

∧1961年，赫魯雪夫在維也納與時任美國總統甘迺迪會晤。

在德國方面，自1955年開始，隨著美蘇關係「緩和」潛流在歐洲冷戰中的出現，西方大國開始熱衷於同蘇聯進行裁軍和歐洲安全體系的談判，而西德執政的艾德諾政府則努力說服西方國家，使它們相信重新統一德國和歐洲安全體系有著內在聯繫。鑑於蘇美當時的冷峻關係，在20世紀四五十年代，美國始終拒絕承認民主德國的合法地位，不與民主德國發生任何外交接觸，並將德國統一問題作為東西方關係中的首要問題，支持艾德諾政府透過自由選舉實現德國重新統一的立場。

赫魯雪夫的「自由城市」政策

針對聯邦德國加入北約組織和重新武裝的行為，蘇聯也採取了一系列的措施，以維護世界上資本主義和社會主義陣營的平衡。此時，蘇聯領導人也由實施鐵腕領導的史達林轉為赫魯雪夫。赫魯雪

夫一上臺，就確立了「非史達林化」的外交政策，因為對史達林的繼任者而言，在美蘇兩大陣營的分裂和對抗已成為既定事實的情況下，防止德國東山再起並且對蘇聯再度構成威脅的唯一保證，就是保持戰後德國的持久分裂。

1958年11月10日，當時的蘇共中央總書記兼部長會議主席赫魯雪夫在莫斯科列寧體育館發表了一篇震驚世界的演講。赫魯雪夫在演講中指出，西柏林應該是一個非軍事化的自由城市，蘇聯不久將把管理西德與柏林間交通的權利移交民主德國。鑑於蘇德政策，蘇聯要求美國、英國、法國在6個月之內與東德政府談判簽訂協定，否則蘇聯將單獨與東德政府談判。如果西方國家還想維持進出西柏林的通道，就得和東德直接談判，如果英國、美國接受了這個要求，無疑標誌著以英國、美國、法國為首的西方國家承認了東德民主黨執政的地位。

當時的美國總統艾森豪在接收到赫魯雪夫的「自由城市」政策後，毫不退讓，雙方持有的大量核武器一度被宣揚運用到戰爭中來，蘇美在柏林的形勢再度緊張，出現新的「柏林危機」。1959年3月，赫魯雪夫決定收回6個月內解決西柏林問題的期限，危機暫告平息。而這正是聯邦德國堅決反對的。西方國家認為自己在西柏林的權利不可侵犯，斷然拒絕了赫魯雪夫的要求。東西方在柏林問題上再度爆發危機。

隨著美蘇戰略力量對比的改變，蘇聯開始變得咄咄逼人，東西柏林又開始出現隔離的情況，1961年8月，東德與西德的分界線上，甚至出現了一道柏林牆，將柏林危機推向了高潮，美蘇關係也進一步惡化。這一切打破了美國本土是「安全堡壘」的幻想，人們開始意識到，一場戰

< 世界矚目的空中補給線——柏林危機中的空中運輸

1948年6月24日，蘇聯方面宣布切斷西柏林與西德的一切水陸交通，6月29日，美軍開始向西柏林250萬居民實施空運，其中包括糧食及各種日用品，在一年間飛行次數達27萬餘次，空運貨物211萬噸，同時，美軍對蘇占區所缺的鋼、焦煤及電力等實行反封鎖。

爭即將在美蘇之間爆發。於是，變化了的國際形勢對美國戰略的修改提出了迫切的要求。

1961年，甘迺迪上臺，面對蘇美之間大規模核戰即將爆發的複雜局勢，立即宣布以「靈活反應戰略」取代「大規模報復戰略」，以便美國總統在衝突中能在多種核作戰方案中靈活選擇。在甘迺迪總統的一再推動下，美蘇關係又出現了緩和的情勢。

1961年6月3日，美蘇兩國首腦在維也納會晤，在會談中，赫魯雪夫重新提起了蘇聯的1958年建議，聲稱「必須在今年使歐洲的這個問題得到和平解決」，面對蘇聯的強硬態度，甘迺迪也很強硬，揚言要武力「保衛西柏林」，這次會談沒有任何結果。

在維也納會談協商失敗的情況下，8月，蘇聯發動華約組織發表聲明，如果西方不願簽訂對德和約，華約各國將要單方面與民主德國簽訂和約。針對以蘇聯為首的華約組織的行動，8月18日，美國採用派遣1500名士兵透過民主德國檢查站增援西柏林的方式給予了強烈的回應。接著，雙方互相以核武器試驗進行威脅，柏林危機再次達到高峰。

此時，赫魯雪夫態度軟化，10月28日發表講話宣稱如果西方國家準備解決德國問題，蘇聯將不再堅持要在12月31日前締結和約，撤銷了6個月的期限，從而結束了這次持續3年多的柏林危機。

歷史斷面

《星際大戰》

《星際大戰》是根據20世紀60年代美蘇冷戰的緊張國際局勢為題材而創作的電影作品。這部電影根據當時美蘇所發展的軍事內容和美蘇當時的戰爭氣氛，想像昇華而成。在這部電影裡，人們創造了一個現代神話，因其前所未有的太空場面，紛繁複雜的星系鬥爭，它被稱為「繼摩西開闢紅海之後最為壯麗的120分鐘」。

VISIBLE HISTORY OF THE WORLD

關鍵詞：冷戰／軍事打擊

古巴導彈危機

▪ 1962年

古巴導彈危機是美國和蘇聯在冷戰期間的又一次危機高潮。1962年，美蘇關係再度惡化，制度之爭和軍事力量的對比，讓這兩個世界大國在古巴上演了一齣震驚世界的、以古巴為軍事基地、以美國為主要打擊目標的導彈危機，史稱「古巴導彈危機」。

20世紀60年代的古巴

「古巴」一詞最早是印第安語，指的是西印度群島上一個土著部族的名稱。它位於加勒比海西北部，由1600餘個島嶼組成，它北隔佛羅里達海峽與美國相對，西隔尤卡坦海峽與墨西哥相望，東南隔向風海峽與海地相向，地理位置尤其重要。

早在16世紀，從哥倫布發現新大陸時開始，古巴便淪為西班牙的領地。直到19世紀末美國占領古巴。1902年，在美國的幫助下，古巴成立了共和國。從此，古巴一直受美國的控制。20世紀50年代，在蘇聯紅色政權的影響下，古巴開始了民族解放運動。1953年7月26日，斐代爾・卡斯楚率領一批愛國青年攻打聖地牙哥的蒙卡達兵營，掀開了古巴歷史新的

^ 古巴導彈危機期間，美國總統甘迺迪會見蘇聯大使。

一頁。

1959年1月，卡斯楚領導的革命推翻了親美的巴蒂斯塔的獨裁統治，建立起新的統治政府，並採取了一系列措施，如土地改革政策和國有化的社會主義政策等，這嚴重損害了美國大公司的利益，使得古巴與美國的關係極為緊張。針對古巴共和國新政府的民族革命政策，美國迅速做出了回應，決定除醫藥用品和糧食外，對古巴實行嚴厲的禁運，禁止一切貨物運往古巴，亦停止購買原來合同規定的古巴食糖。

古巴的經濟是長期以蔗糖生產為主的單一經濟發展模式，有「世界糖罐」之稱。美國對古巴實行的禁糖政策實際上是企圖從經濟上扼殺古巴。面對經濟被扼殺的形勢，古巴新政府立即向社會主義發展的搖籃——蘇聯求助。當時與美國冷戰的蘇聯，也急切需要發展社會主義陣營，於是蘇聯與古巴建立了外交關係。蘇聯購買古巴的糖，並提供一億美元貸款。這無疑激化了美古關係，美國於1961年1月與古巴斷絕了外交關係。

蘇聯的導彈策略

隨著古巴革命的展開，社會主義建設火熱進行，一股紅色政權之風漸漸在拉丁美洲吹起。為了制止古巴革命的影響在拉美的蔓延，美國糾集在美國的古巴流亡分子進行訓練。1961年4月17日，由1000餘名古巴流亡分子組成的雇傭軍，在美國的支持下，在古巴南部的豬灣登陸，企圖推翻古巴政府。結果，登陸的古巴流亡分子在72小時內被全部殲滅。美國繼續對古巴進行軍事威脅，決心要消滅古巴這個在拉丁美洲的、「受共產主義控制」的政權。

與此同時，蘇聯也一直在認真思索對待古巴的策略，赫魯雪夫認為，美國人是不會容忍卡斯楚政權的存在的，如果蘇聯不採取決定性措施保衛古巴，那麼將會引起其他拉美國家拋棄蘇聯，將大大降低蘇聯在全世界的地位。另外，美蘇20世紀60年代的緊張關係，也使得蘇聯不得不為戰爭做好準備。於是，蘇聯準備在美國的旁邊建立一個立足點，以便與美國角逐，而古巴就是一個最理想的軍事基地。

1962年7月3日和8日，赫魯雪夫與勞爾・卡斯楚會談，達成祕密協議。蘇聯決定在古巴部署中程導彈，提供伊留申－28噴氣轟炸機，同時派遣了3500名軍事技術人員陸續乘船前往古巴。這次蘇聯的意圖很明顯，就是祕密地把核導彈運進古巴，搶在美國發現及採取行動之前安裝好，形成威脅力量，使美國面對既成事實，從而改變美蘇力量的對比，加強蘇聯的戰略地位，並乘機迫使美國在柏林問題上讓步。

雖然蘇聯的保密工作做得很細緻，但是依然被美國發現了。自從美古關係惡化，蘇聯對古巴經濟、政治的涉足開始，美國就沒有一天放鬆過對古巴的警惕。在蘇聯將導彈剛剛運送到古巴時，美國的偵查飛機就從空中拍攝到了蘇聯在古巴建立的導彈發射基地，並且詳細地記錄下了導彈的數量及種類。美國政府在得到這個消息時，再也坐不

^ 一架美國P2V-7U偵察機飛越蘇聯貨輪

1954年，美國中央情報局決心建立自己的全球情報偵察空中平臺。中央情報局便協同美國空軍與美國海軍協商購買7架P2V-7U「海王星」飛機改裝成執行電子偵察任務的特殊偵察機。一個代號為「野櫻桃計畫」的生產「海王星」偵察機的項目在洛克希德公司臭鼬工廠祕密進行。P2V-7U偵察機在古巴導彈危機時期發揮了重要作用。

^ 1961年9月21日，古巴導彈危機期間，蘇聯外長安德烈・葛羅米柯在聯合國。

住了，五角大樓馬上擬定了有針對性的國防訓練計畫。

1962年10月22日晚，美國總統甘迺迪向全國人民發表電視演說，披露蘇聯正在修建的是進攻性導彈體系，而不是防禦設施。針對這種情況，美國採取了對古巴實行軍事封鎖的政策，嚴格進行海上檢查，並要求蘇聯在聯合國監督下撤走在古巴的進攻性武器。為了應對緊急的形勢，甘迺迪還命令駐紮在世界各地的美軍進入最高戒備狀態。一時間，美國一半的戰略轟炸機滿載著核武器在空中盤旋，核潛艇都進入了作戰狀態，在加勒比海上，美國的海軍、空軍時刻都在巡弋。美蘇形勢頓時緊張，戰爭一觸即發。

在核戰爭迫在眉睫的時刻，蘇聯仔細地分析了美蘇當前的軍事力量對比，發現就目前蘇聯情況來看，還不是發動戰爭的有利時機。於是，在美國以武力作後盾的形勢下，10月26日，蘇聯以美國保證不入侵古巴為條件，答應撤出進攻性核武器，古巴導彈危機正式解除。

這次古巴導彈危機及其結果，刺激了蘇聯軍方大規模發展軍事力量的決心和信念，並加速了赫魯雪夫政權的垮臺。古巴導彈危機也促使美國加大以軍事力量介入全球性事務的力度，加劇了兩個超級大國更加激烈的對抗。

歷史斷面

1959年古巴革命勝利

1959年1月1日，斐代爾·卡斯楚領導的起義軍擊敗了巴蒂斯塔獨裁政權的軍隊，開進了古巴第二大城市聖地牙哥市。3日，起義軍占領哈瓦那，建立臨時政府。曼努埃爾·烏魯蒂亞任臨時總統，卡斯楚任武裝部隊總司令，2月6日任總理。7月17日，總統改由多爾蒂科斯擔任。革命勝利後，古巴人民不畏強暴，又奮勇抵禦了外來干涉和武裝侵略，走上了獨立道路並確立了共產黨的領導，在西半球建立了第一個社會主義國家。由於古巴革命是在美國「後院」實現，並在同強權政治和經濟封鎖進行長期鬥爭中得到鞏固的，所以革命成功的意義及其影響在20世紀世界歷史上具有不同尋常的意義。如今，古巴人民仍在頑強地抗擊強權與封鎖所帶來的種種壓力，在逆境中堅決捍衛國家獨立和主權。

VISIBLE HISTORY OF THE WORLD

關鍵詞：蘇共「二十大」／經濟發展

赫魯雪夫改革

■ 1953年～1971年

尼基塔・謝爾蓋耶維奇・赫魯雪夫，這位在蘇共「二十大」上透過祕密報告的方式，揭露了史達林在「大清洗」中的暴行，掀起了世界範圍的「去史達林化」運動。赫魯雪夫在任期間，極力糾正史達林領導時期的「重工抑農」、「殘酷鎮壓」等政策，對蘇聯的農業、工業進行了一系列改革，在一定程度上促進了蘇聯經濟發展的平衡性。

赫魯雪夫時代

1953年，史達林逝世，赫魯雪夫掌握了蘇共中央和蘇聯政府的領導權，他的上臺標誌著赫魯雪夫時代的到來。1956年2月，蘇共召開了第二十次代表大會，會上，赫魯雪夫向代表們作了反對史達林的《關於克服個人崇拜及其後果》的祕密報告。從此，蘇聯的對內對外政策發生了重大變化。

長期以來，蘇聯只注意重工業的發展，忽視農業的發展。農業的落後既影響了人民生活的改善，又妨礙了整個國民經濟的發展，成為亟待解決的問題。

^ 1959年，赫魯雪夫及其家人在華爾道夫－阿斯托里亞。

赫魯雪夫上臺後的第一件事，就是對蘇聯的農業進行改革。針對蘇聯長期處於戰爭狀態下的農民的生活情況，赫魯雪夫農業改革的第一步，就是減輕農民負擔，改變自20世紀40年代就實行的義務交售制，而採取農產品採購制，調動了農民的生產積極性。

在工業方面，1957年2月，赫魯雪夫在黨中央全會上做了報告，要求把工業和建築業的日常領導工作從中央轉到地方，只留下航空、無線電、造船、化學、中型機械等幾個中央部。但是，這樣的做法無疑與列寧、史達林提出的共產主義經濟體制相悖，引起了蘇聯工商業界的不滿。後來的事實證明，1957年赫魯雪夫工業改革嚴重地削弱了中央統一管理體制，導致各地滋生了嚴重的本位主義，彼此矛盾重重，嚴重影響了蘇聯專業化大企業的發

^ 柏林危機時期的柏林市民

展。1960年，雖然赫魯雪夫針對1957年工業改組引起地方主義氾濫和國民經濟混亂等問題，採取了一些補救措施，但是仍然沒有徹底改變蘇聯工業發展的狀況。

在對外政策方面，赫魯雪夫主張東西方緩和，以避免核戰爭，因此在執政初期，他推行了較有彈性的政策。從1960年開始，赫魯雪夫推行「蘇美合作，主宰世界」的戰略目標，並多次訪問美國等西方國家，但在他的對外政策實施期間，仍然發生了美蘇核對抗，甚至出現了「柏林危機」、「古巴導彈危機」等冷戰時期的對峙事件。在對待正在進行民族獨立的國家、或者進行社會主義建設的國家的態度上，赫魯雪夫也採取冰冷拒絕的處理方式，最有力的例證就是20世紀60年代蘇聯對待中國的態度，這些政策無疑大大削弱了蘇聯的國際地位和威信。

赫氏改革的影響

赫魯雪夫在改革過程中對「史達林模式」採取了強烈的批判觀點，客觀上打破了黨內對史達林的迷信，也衝破了教條主義的禁錮，在一定程度上解放了人們的思想。赫魯雪夫平反冤假錯案，為被迫害者恢復名譽，為蘇聯、東歐社會主義國家的改革和建設創造了有利條件。

赫魯雪夫在農業、工業改革方面的一些政策，也是根據蘇聯當時的國情制定的，解決了蘇聯的糧食問題，具有相當的現實性，也符合蘇聯的社會需要，具有歷史進步性。在工業方面，赫魯雪夫採取下放權力、精簡管理機構的措施，也為社會主義國家的改革留下了寶貴的經驗。總的來說，赫魯雪夫改革在一定程度上促進了蘇聯的經濟發展，為蘇聯經濟發展的平衡做出了貢獻。他在農業、工業方面的改革，促進了其他社會主義國家的改革，使其他社會主義國家走向比較現實的世界政治立場，各國開始承認建設社會主義可有多種模式，這些都有利於社會主義的發展。

但是，赫魯雪夫改革也存在著嚴重的不足，正是由於赫魯雪夫對「史達林模式」缺乏科學的認識，其改革缺乏理性思考，隨意性強，在做法上急於求成，忽視客觀實際和客觀規律，使得其改革措施大多是「頭痛醫頭、腳痛醫腳」，未能深入到這一體制模式的根基，因此無法與舊模式決裂，也無法防止史達林現象的「復活」。經過一陣局部的改革，最終仍然維持了傳統體制。

另外，赫魯雪夫作為史達林時代的人，受思想水準所限，對個人崇拜的揭露和批判較為膚淺，對集權化的領導體制缺乏分析，在東西方冷戰的格局下，他過度否定史達林的做法，在客觀上也加劇了西方反蘇、反共的浪潮。

改革的直接結果居然是下臺

赫魯雪夫的內外政策引起蘇聯黨和政府多數人的不滿，1964年10月11日，經過準備，蘇共中央主席團召開了討論撤換赫魯雪夫的會議。當時受到國家安全委員會特殊保護措施的赫魯雪夫與米高揚正在南方黑海邊的中央別墅中度假，10月11日早，布里茲涅夫在莫斯科和赫魯雪夫通了一通電話，通知赫魯雪夫主席團正在開會，主要討論赫魯雪夫關於劃分農業機構的計畫草案。

赫魯雪夫在接到這個電話之初，拒絕在如此倉促的情況下返回莫斯科參加會議，而米高揚在接到了電話之後，立刻動身前往莫斯科。隔了一段時間，布里茲涅夫再度用電話通知赫魯雪夫，如他拒絕前來莫斯科，主席團將在他缺席的情況下開會、討論議事日程，赫魯雪夫這才同意去莫斯科。

在飛機到達莫斯科機場後，委員會成員們沒有讓赫魯雪夫回家，而是直接參加了蘇共中央主席團會議。會議上，主席團成員們就赫魯雪夫改革問題提出了批評，赫魯雪夫聽後，居然在主席團會議上就做出了態度粗暴且帶有污辱性的發言，這無疑激怒了蘇共中央主席團的成員們，因此，主席團一改準備保留赫魯雪夫中央委員職務的決定，革除了赫魯雪夫中央委員的職務。

蘇共中央主席團這次會議一直進行到10月13日深夜，就在夜間會議休息時，米高揚說服了赫魯雪夫，要他自願遞交退休聲明，即後來在《真理報》上發表的辭職申請書，稱赫魯雪夫因年齡和健康原因，已根據本人要求被解除職務；由於赫魯雪夫最終與蘇共中央主席團會議能採取合作的態度，才決定於10月14日召開的中央全會上，不對赫魯雪夫本人展開廣泛的討論或尖銳的公開譴責。

蘇共中央主席團會議於10月14日上午繼續開會，下午就轉入舉行經過充分準備的中央全會。中央全會由布里茲涅夫宣布召開，米高揚主持會議，蘇斯洛夫做了關於撤銷赫魯雪夫的職務及其原因的報告，這無疑標誌著曾經叱吒一時的赫魯雪夫其政治生涯的結束，他從此在公眾視野中消失。

下臺後的赫魯雪夫鬱鬱寡歡，隱居於鄉間。1971年9月11日，赫魯雪夫因心臟病發作，在沉寂中去世。

歷史斷面

赫魯雪夫簡介

赫魯雪夫於1894年生於烏克蘭的一個礦工家庭，當過牧童、鉗工，並於1918年加入了布爾什維克黨。1929年，他進入莫斯科工業學院學習。1934年當選為聯共中央委員。1935年起任聯共莫斯科州委第一書記兼市委第一書記。1938年起任烏克蘭的黨中央第一書記。1939年被選為聯共中央政治局委員。衛國戰爭時期獲中將銜。戰後初期繼續擔任烏克蘭的黨中央第一書記，並為烏克蘭共和國部長會議主席。1949年12月任聯共中央書記和莫斯科州委第一書記。1952年10月任蘇共中央書記，後任第一書記、部長會議主席。

VISIBLE HISTORY OF THE WORLD

關鍵詞：飛行員／航太時代

太空飛行第一人—— 加加林

■ 1934年～1961年

尤里・亞歷克賽耶維奇・加加林，因第一個進入太空而在世界航太史上擁有響噹噹名號的人，是蘇聯紅軍上校飛行員。他的一生因為進入太空而具有傳奇色彩，他代表世界人民第一次從太空的角度，重新觀察這顆日夜生活的藍色星球，為人類跨入航太時代做出了卓越的貢獻。

奇妙的巧合

自古以來，進入太空、探索宇宙一直是人類的夢想。1903年，萊特兄弟發明了飛機，向人類「飛天」的夢想跨出了一大步。20世紀30年代，隨著新經濟政策的實施，蘇聯發展呈現出一片欣欣向榮的景象，軍事、文化、科技及人民生活水準都有了很大提高，探索太空的任務被提到了蘇聯科學家的研究日程。

1934年3月9日，蘇聯火箭設計師科羅廖夫第一次與蘇聯第一顆衛星的主設計師吉洪拉沃夫談起了載人宇宙飛行的前景，甚至談到了誰將第一個飛上太空。就在此時，蘇聯斯摩倫斯克州格扎茨克區的克盧希諾鎮，一個集體農莊裡正在舉行著快樂的盛會，因為這家農莊莊主剛剛得到上帝賜

^「雙子座」4號的太空人們與加加林

予他的禮物，他的兒子加加林出生了。任誰也不會想到，這個當時人們無法意識到的奇妙巧合，卻預示著人類在航太史上的一大進步。

^ 加加林的盾徽

或許是上帝所賦予的命運，或許是那個出生日的奇妙巧合真的具有奇妙的作用，年幼的加加林對飛機特別感興趣。16歲時，他加入了薩拉托夫航空俱樂部。讀大學時，他選擇了工業技術學校，並於1955年從薩拉托夫工業技術學校畢業。畢業後的加加林確立了自己的夢想，那就是要與自己喜歡的飛機在一起。進入軍隊後，加加林轉入契卡洛夫第一軍事航空飛行員學校；1957年畢業後，即被選拔為飛行員，在紅旗北方艦隊航空兵服役。

命運的安排

1960年，因加加林在海軍航空兵中表現突出，且具有堅定的愛國精神、對飛行成功的堅定信念、優良的體質、樂觀主義精神和隨機應變的能力，以及勤勞、好學、勇敢、果斷、認真、鎮靜、純樸、謙遜和熱忱的優秀品質，他被蘇聯航天部門選拔為太空人，並與當時其他5名優秀的太空人一起，成為「東方1號」載人衛星的太空人備用人選。

當時，蘇聯的載人航太衛星事業發展到了關鍵階段，加加林與其他5名優秀的太空人，每天都在真空室或者航太訓練室內訓練著。一天，加加林與其他5位候選人一起接到命令，進入「東方1號」原型船中熟悉設備。他們一行6人都興奮地走到了原型船外，就在準備進入艙體時，加加林細心地脫掉了自己的鞋子，他的這個「小動作」恰巧被負責蘇聯太空探測項目的謝爾蓋・科羅廖夫看在眼裡，他認為，這是加加林尊重飛船的表現。於是，加加林在6位同樣優秀的太空人中脫穎而出，最終成為1961年4月飛上太空的第一人。

奔向蔚藍的天空

1961年4月12日，科羅廖夫站在發射平臺上對加加林說：「你非常幸運，你將從太空往下看地球，我們的地球一定很美。」

發射工作進行很順利，「東方1號」衛星準確地脫離了地球，開始向太空奔去。後來，加加林在回憶中說：「當衛星脫離地球的剎那，我能夠清楚地分辨出大陸、島嶼、河流、水庫和大地的輪廓。我第一次親眼見到了地球表面的形態。地平線呈現出一片異常美好的景色，淡藍色的暈圈環抱著地球，與黑色的天空交融在一起。天空中群星燦爛，輪廓分明。但是，當我離開地球黑夜一面時，地平線變成了一條鮮橙色的窄帶。這條窄帶接著變成了藍色，復而又成了深黑色。」

加加林劃時代的飛行是在當地時間9點07分開始的，正好在108分鐘後繞地球運行了一周，他回到了自己的國土上，降落地點是斯梅洛伐卡村。村民們看到加加林頭戴一頂白色的飛行帽，身著一套笨重的增壓服時，驚訝得目瞪口呆。當他返回市區的時候，成千上萬的群眾夾道歡呼，首都莫斯科的專機前來迎接，由7架殲擊機護航，大紅地毯從專機下一直鋪到為歡迎他而臨時修建的主席臺前，國家的所有領導人都來到機場，共同見證這一歷史時刻。這次飛船的設計者科羅廖夫在看到加加林神采飛揚地向他走過來時，忍不住熱淚盈眶地緊緊抱住了加加林。他們長時間的擁抱所蘊含的情感，恐怕只有兩位當事人才能理解。經過了這次飛行，加加林獲得了一生中最重要的榮譽，他被授予了「蘇聯英雄」的稱號。

^ 以加加林的英雄事蹟為背景創作的油畫作品《加加林的早餐》

首次太空飛行之後，加加林仍然積極參加專業進修和訓練其他太空人的工作。1968年2月，加加林從茹科夫斯基空軍工程學院畢業了，開始從事訓練太空人的工作。

1968年3月27日，在他和飛行教練員謝廖金的一次例行訓練飛行中，由於天氣惡劣和受到其他同空域飛行飛機的影響，座機不幸失事，加加林和教練員都犧牲了。加加林死後，其骨灰被安葬在克里姆林宮宮牆壁龕內。為了紀念加加林，他的故鄉格扎茨克被命名為加加林城；他受訓的太空人訓練中心以他的名字命名；蘇聯將他的出生地改名為加加

> 太空人的航太服

世界上第一個使用航太服裝備的人是美國冒險家威利・波斯特。20世紀30年代初，他駕駛「溫尼妹號」單座機在向橫越北美大陸飛行的挑戰中，將飛機上升到同溫層。當時，波斯特身穿的高空飛行壓力服，是用發動機供壓裝置送出的空氣壓吹起來的氣囊。

林區；國際航空聯合會也設立了加加林金質獎章；甚至月球背面的一座球形山也以他的名字來命名。

蘇聯的「東方1號」載人衛星的發射，是人類第一次繞地球飛行，具有劃時代的意義。而加加林也因為在這次特殊飛行中做出特殊貢獻，在人類航太史上寫上了濃重的一筆。他留下的著作有《通向宇宙之路》、《蘇聯太空人札記》和《熾熱的感情》。

歷史斷面

「東方」號飛船

「東方」號飛船重約4.73噸，由球形密封座艙和圓柱形儀器艙組成。座艙直徑2.3公尺，能夠乘坐1名太空人。艙外覆蓋防熱層，艙內有可維持10個晝夜的生命保障系統，還有彈射座椅和儀器設備。飛船再入大氣層時，拋掉末級火箭和儀器艙。當座艙下降到離地7000公尺時，太空人彈射出艙，由降落傘著陸。「東方」號飛船既可自控也可手控，它的軌道近地點為180公里，遠地點約222至327公里，運行週期是108分鐘。

VISIBLE HISTORY OF THE WORLD

關鍵詞：戈巴契夫／葉爾辛

蘇聯解體

■ 1922年～1991年

蘇聯在經過了戈巴契夫改革後，政治、經濟、民族等各方面的危機逐漸加深。這一時期的蘇聯處在改革思想搖擺不定、社會政治經濟危機日益嚴重、社會主義聯盟面臨生死存亡的階段。「八一九事件」後，這個馳騁世界70餘年的大國，最終解體了。

退出國際政治舞臺

1991年是特殊的一年，因為這一年是蘇聯存在的最後一年，在這一年裡，它的各加盟共和國紛紛獨立。12月8日，俄羅斯、烏克蘭和白俄羅斯3個原蘇聯加盟共和國的領導人葉爾辛、克拉夫朱克和舒什克維奇，在白俄羅斯的別洛韋日簽署了《獨立國家聯合體協定》，宣布「蘇聯作為國際法主體和地緣政治現實將要停止存在」。12月21日，蘇聯加盟共和國俄羅斯、烏克蘭、白俄羅斯、亞塞拜然、莫爾多維亞、亞美尼亞、哈薩克、烏茲別克、吉爾吉斯、塔吉克和土庫曼政府首腦在哈薩克首都阿拉木圖會晤後，簽署了《關於建立獨立國家聯合體協議的議定書》，正式宣布獨聯體成立。12月25日，戈巴契夫辭去了蘇聯總統職務，同時，克里姆林宮總統府頂上的蘇聯國旗被降下，存在了70年的蘇聯悄然退出了國際政治舞臺。

歷史重播到1922年12月30日，在列寧的建議下，當時在莫斯科召開了俄羅斯各民族國家和俄聯邦代表參加的蘇維埃代表大會。會上通過了蘇維埃社會主義聯盟（簡稱蘇聯）宣言和聯盟條約，正式宣告蘇聯誕生。這是繼十月革命後，俄國和世界歷史上發生的一樁大事件，它為蘇聯後來成為世界超級大國奠定了堅實的政治基礎。經過史達林領導的工業化、赫魯雪夫時代的「趕超」，到布里茲涅夫時代提出的建成「發達的社會主義社會」，歷經50多年的努力，在20世紀70年代，蘇聯的綜合國力已經與美國並駕齊驅，成為世界第二強國。

^ 1985年，瑞士日內瓦峰會期間，時任美國總統雷根與戈巴契夫首次會晤。

但是，在蘇聯經濟迅猛發展的同時，所伴生和積累的一些體制性弊端也明顯暴露，並且開始制約經濟的穩定增長和社會健康發展。

經濟上採取計劃經濟體制，使原來的高效率，逐步成為抹殺包括公有制在內的各類經濟體和個人積極性和創造性的罪魁禍首，經濟出現了體制性衰退的明顯趨勢；政治上的高度集權，領導人年邁體弱，黨政機構特權和腐敗化，導致國家政治空氣壓抑難耐，社會生活死氣沉沉。到1982年布里茲涅夫去世，蘇聯這些體制性弊病已經達到積重難返的程度。安德洛波夫有心改革，但力不從心；契爾年科帶病上臺，人們對他毫無指望。直到1985年3月戈巴契夫當選蘇共總書記，才給蘇聯社會帶來了一線改革的希望。

在蘇聯人民和全社會迫切要求全面改革的期望聲中，戈巴契夫上臺了，改革的任務千頭萬緒。不少人認為，戈巴契夫沒有把經濟改革放在第一位。事實上，蘇聯改革初期正是從經濟入手，政治改革是相伴而隨的，只是到了中期，政治改革的力度逐漸加大而進入社會動盪的階段；1990年1月至1991年末，這段時期改革思想始終搖擺不定、社會政治經濟危機日益嚴重，聯盟進一步動搖。1991年8月19日至21日，蘇聯政府內部爆發了「八一九政變」。一些高級官員企圖廢除戈巴契夫的蘇聯共產黨中央委員會總書記兼蘇聯總統職務並控制蘇聯。此次政變，直接導致了蘇聯的最後解體。

v 俄羅斯聯邦首任總統鮑利斯·葉爾辛

葉爾辛時代

就像在蘇聯解體15周年之際烏克蘭首任總統克拉夫朱克所說的那樣，當「他與葉爾辛和舒什克維

^ 熱舞中的總統

1996年6月10日，在俄羅斯羅斯托夫的一場搖滾音樂會上，總統葉爾辛忍不住下場熱舞一番，這個大膽扭動的瞬間被記者用鏡頭記錄了下來。

奇聚首別洛韋日時，談的已經不是蘇聯要不要解體的問題，而是如何在解體過程中避免流血」。俄羅斯首任總統葉爾辛也在蘇聯解體15周年之際指出：「當時的形勢非常明朗，在經過10年的停滯之後，人民希望變革。當時俄羅斯人已經認為自己就是俄羅斯國家的主人，他們的政治熱情空前高漲，關鍵就看我們這些領導人如何繼續行動，所以我們只是順勢而動。」

1991年6月，葉爾辛在全民大選中當選為俄羅斯聯邦首任總統，並於1996年再次當選。葉爾辛時代，是俄羅斯改革風雲迭起的劇變時期，也是俄羅斯重返國際政治大舞臺的過渡時期。1999年12月，葉爾辛結束總統職務。

VISIBLE HISTORY OF THE WORLD

關鍵詞：總統／改革

普丁時代

■ 2000年以後

在他成為眾望所歸之後，當他的時代緩緩拉開了序幕之後，在俄羅斯的大街小巷，在俄羅斯年輕人的口中，有這樣一首新的歌曲在當時不停地被翻唱：「要像普丁那樣精力充沛，要像普丁那樣不嗜菸酒，要像普丁那樣不說髒話，要像普丁那樣毫不退縮。」進入新世紀以來，普丁逐漸成為當代俄羅斯人的希望。而這首歌所描述的人，正是屬於俄羅斯的、新時代的締造者——弗拉迪米爾・弗拉基米羅維奇・普丁。

站在廢墟上的新星

1992年，俄羅斯「私有化運動」大規模地開展起來，這也標誌著政府對俄羅斯經濟採取的「休克療法」全面展開。

> 俄羅斯聯邦現任總統普丁

當時的政府高層寄希望以短期的經濟萎縮為代價，來換得健全的資本主義經濟制度在俄羅斯的建立，可惜事與願違。在「私有化運動」開始後，俄羅斯的經濟狀況出現雪崩式的坍塌，以至於在後面相當長的一段時間裡，「休克療法」在俄羅斯只顯示出了它的「休克」，而毫無「療效」可言。物價飛漲，經濟市場毫無基本秩序；國有資產大量流失，社會貧富分化嚴重——寡頭實力在不斷地膨脹，而相對應的「赤貧率」卻在不斷刷新著紀錄。整個俄羅斯的經濟已處於一種完全崩潰的狀態。於是，一個冉冉升起的政壇「新星」——普丁，就這樣在千千萬萬俄羅斯人的期盼中，接手了俄羅斯當時的「爛攤子」。

「別人家的總統」

說起普丁，有些人的第一反應就是「全能的男神」。的確，作為俄羅斯的現任總統，他的愛好之廣已經超出了常人的想像：射箭、摩托、皮划艇；蝶泳、仰泳、自由泳……而對於普丁來說，作為曾經「克格勃（蘇聯國家安全委

歷史斷面

柔情的硬漢

作為俄羅斯硬漢的代表，普丁可謂是將俄羅斯人對硬漢的定義詮釋到了極致。2015年8月19日，普丁搭乘俄羅斯國產的深海潛艇下潛到黑海80公尺處；2010年，為宣傳2014年索契的F1分站賽，時任總理的普丁親自試乘了雷諾方程式賽車；同年，為了督促當地官員加大對梁贊州大火的撲滅力度，普丁親自駕駛別－200水上飛機在指揮員的指揮下成功地將飛機儲水拋灑在著火區域。而硬漢普丁不只有剛強的一面。2017年「一帶一路」高峰論壇召開之際，普丁總統即興在一架鋼琴旁彈奏起了「莫斯科之窗」。在大部分俄羅斯人的心中，他已然是一位精神偶像；而對其他世界各國的人來說，他也可說是俄羅斯的一張名片。

員會）」中的一員，開坦克、開戰鬥機、開深海潛艇等也是不在話下。當關於普丁的一切被展示在世人面前時，也引來了為數不少的網友們欽慕：「這就是別人家的總統啊。」就是這樣一位高知名度、形象近乎「超人」般的總統，在那糟糕透頂的時代向他的人民再一次展現了他「別人家的總統」的一面。

這位「別人家的總統」在剛接過政權之後就開始表現得身手不凡。上臺之初，普丁就拿當時掌握著俄羅斯經濟命脈的七大銀行寡頭「開刀」了：除了像表現「老實」的弗里德曼和被折騰得人財兩空的馬爾金和維諾格拉多夫那樣的寡頭外，其他的寡頭不是像別列佐夫斯基那樣逃亡他國，就是像古辛斯基那樣飽受牢獄之災。對寡頭政治的重大整頓，不僅讓俄羅斯的老百姓拍手稱快，還減輕了寡頭集團對俄羅斯經濟的影響，為普丁贏得了更大的權力和威嚴，並為他後續的一系列改革奠定了堅實的基礎。

隨後，一種既非葉爾辛、蓋達爾的那種全盤西化，也非蘇聯那種高度集中化的計劃經濟的經濟改革，在普丁的主持下大刀闊斧地展開。普丁的經濟改革是以國家資本主義的形式來對國內經濟活動進行監督和調節，這種「可控的市場經濟」體系的建立，在很短的時間內就取得了不小的成就，國內經濟秩序基本恢復，人均收入水準不斷提升。而對於俄羅斯人更為直接的感受是：等待救濟的長隊消失了，貨架上的商品琳琅滿目且越來越便宜，手中的錢包也開始變鼓了。這一系列的變化無疑給失落的俄羅斯人以最強烈的信號：「一切都在走向正軌。」

普丁總統後來的舉措，讓俄羅斯人的這種感覺越發強烈：在法治重建上，他重拳打擊刑事犯罪，嚴懲腐敗，強化法律法規的建設；在政治方面，他一改以往的地方選舉，讓地方長官由總統直接提名並報地方議會批准。這種垂直管理體系的建立，鞏固了中央政府的地位，保障了俄羅斯聯邦的高度統一，也極大地強化了總統的實際權力。而在外交方面，普丁則站在實用主義的立場上，一改蘇聯和俄羅斯的霸權主義作風，強調俄羅斯的外交應為國內的經濟復興服務，但同時也強調，應根據自身的情況而積

^ 莫斯科克里姆林宮內的總統警衛團

總統警衛團就住在克里姆林宮大院內的兵器館裡，作為克里姆林宮直屬機構的聯邦警衛局，警衛團繼承了蘇聯時期「克格勃第9總局」設計的總統保衛系統，由總統安全局、克里姆林宮衛隊和總統警衛團等組成。

^ 莊嚴華麗的聖彼得堡喀山大教堂外景

極地發揮大國作用。在多極化的世界格局中施加實質性的影響，以實現國家利益的最大化。

這一系列近乎鐵腕的改革舉措很快就取得了成效：國家法律體制開始重新完善，被長期踐踏的社會公正開始被重新審視，而分離主義、恐怖主義也正離人們遠去。人們正在感受著自蘇聯解體後久違的安全感，而國家經濟也從葉爾辛時代的「休克狀態」逐漸走向「甦醒」。這一系列利好的變化，極大地安慰了俄羅斯人民受傷的自尊心，也為普丁贏得了極高的支持率。就這樣，在俄羅斯人民持續的歡呼聲中，普丁也迎來了一個屬於他自己的時代——普丁時代。

「普丁回來了」

2012年5月7日，在紅場的就職典禮上，在千千萬萬俄羅斯人民的注視下，弗拉迪米爾・弗拉基米諾維奇・普丁宣誓就職，正式開始了他的第3屆總統任期。2018年3月18日，俄羅斯總統選舉落幕，普丁第四次當選俄羅斯總統。

作為俄羅斯人氣最高的總統，在透過改革為俄羅斯人找回了失落已久的民族自豪感之後，普丁幾乎成了當代俄羅斯人心中「偶像」般的人物。隨著俄羅斯國力的不斷復甦，他對俄羅斯人的影響也在不斷加深。「普丁」這個名字曾被寫進歌曲裡傳唱；他曾在聖彼得堡居住過的房子，被打造成了熱門旅遊目的地，並吸引了眾多遊客；他的形象也被畫在俄羅斯娃娃上，作為俄羅斯著名的紀念品而銷往世界各地；他在「克格勃」的往事被翻拍成電影；而以他為背景的掛曆也成為俄羅斯各級官員不可多得的收藏品。就這樣，在近乎個人崇拜式的社會氛圍下，普丁成了俄羅斯國內各階層的偶像，也成為世界西方式國家範圍內，支援率最高的總統之一。

在他的任期裡，普丁也在透過一系列手段增加自己的實際權力。雖然這些措施

v 俄羅斯娃娃是俄羅斯特產的木製玩具，一般由多個相同圖案的空心木娃娃一個套一個組成。木娃娃最多可達10餘個，通常為圓柱形，底部平坦可以直立。最普通的圖案是一個穿著俄羅斯民族服裝的姑娘，叫做「瑪特羅什卡」，這也成為這種俄羅斯傳統工藝品的統稱。

招致一些國內自由派和西方人士的強烈不滿，但在執政優勢（執政黨席位在議會占絕對多數）和壓倒性數據的民意支持率的情況下，這些措施很快就獲得通過並得以順利實施。這一切，都為「普丁時代」的發展奠定了堅實的基礎。

^ 紅場大閱兵

2015年5月9日，俄羅斯在莫斯科舉行盛大的閱兵儀式，隆重紀念衛國戰爭勝利70周年。俄羅斯總統普丁同來自世界上約20個國家和地區及國際組織的領導人出席儀式。

一代文學巨匠——列夫·托爾斯泰

⊙不幸的童年⊙豐收的中、青年⊙絕望的老年

列夫·尼古拉耶維奇·托爾斯泰是19世紀中期俄國著名的批判現實主義作家、哲學家、思想家，著有《戰爭與和平》、《安娜·卡列尼娜》、《復活》等膾炙人口的作品。他的一生複雜、豐滿，是孤兒，是貴族，是英雄，也是賭徒；他曾經擁抱過世間絕美的愛情，也在愛情中受傷絕望；他說話可以刻薄無情，又總是在懺悔內疚。就是這樣的人生，才鑄就了他偉大的思想。

文學的第一個春天

在托爾斯泰的人生裡，父親、母親是比較陌生的詞彙，他不滿兩歲的時候母親去世，9歲時又失去了父親。好在負責撫養他的兩位姑母是善良真誠的人，她們是虔誠的基督教徒，一生都站在服務別人的立場上生活，一輩子都在奉獻捨己為人的大愛。這種愛讓托爾斯泰感到歡愉，同時也讓他對人生產生了嚴峻的思索：人生是該堅韌苦行，還是該縱慾享樂？信仰到底是什麼？這種拷問一直縈繞在他年幼的靈魂中。

青年時的托爾斯泰在精神上飽受煎熬，16歲時不再禱告，雖然沒有否定基督教的教義，他卻對教義建立在什麼基礎上心存質疑；有時又會湧現出無限的愛意。他仁慈地思考著未來，想著賣掉自己的馬車，把錢分給窮人，

甚至想把自己財產的十分之一捐獻給受苦的人們。更多時候，他又想當個物質的人，想以一種更寬裕的物質條件成為體面人，以獲得周圍人的愛戴。為此，他去賭博，並不惜負債累累。

或許所有偉大的藝術家、文學家都會經歷思想上的折磨，因為他們對這個世界比任何人都要敏感，也比誰都迫切地希望世界變好。托爾斯泰的糾結與掙扎，促使他放棄了大學生活，回到了家鄉，夢想著用自己的方式讓受苦的人變好。這一時期，他創作了《一位紳士的早晨》，用小說的方式表達了自己對於家鄉勞動人民的熱愛。

1851年，托爾斯泰被債主逼著走投無路，逃到了高加索，投靠了在那裡當軍官的表哥。也是在這段時間，他的內心獲得了難能可貴的平靜，重新找到了信仰的赤誠，也迎來了他文學創作的春天，後人熟知的《童年時代》、《入侵》、《少年時代》，都完成於這個時期。

叛逆中的愛情

1854年，俄國與土耳其爆發戰爭，托爾斯泰隨軍到克里米亞軍團，又開拔前往塞瓦斯托波爾。身處戰爭之中，他的愛國熱情不斷燃燒。戰火中與死神的不斷擦肩，讓他堅定了內心的信仰，思想也有了更深刻的進步。這一時期，他寫下了《青年時代》，也寫下了三篇紀事：《1854年12月之塞瓦斯托波爾》、《1855年5月之塞瓦斯托波爾》、《1855年8月之塞瓦斯托波爾》。當時，俄國沙皇將第一篇紀事翻譯成了法文，並把托爾斯泰調離前線，回到了相對平和的聖彼得堡。

聖彼得堡的文人們非常歡迎從戰區回來的托爾斯泰，大家不斷地向他獻殷勤。然而這一切都讓托爾斯泰覺得虛偽，他認為這些文人一邊讚頌著前線的英雄們，一邊宣揚著道德，一邊卻過著奢靡墮落的生活。他毫無保留地將

列夫·托爾斯泰肖像畫

自己對文人圈子的輕蔑表現了出來。自然地，沒人喜歡這樣的托爾斯泰，他格格不入，更重要的是，出身貴族的他，卻始終在為平民吶喊。

貴族，這是托爾斯泰出生就帶有的尊貴烙印。他的父母來自俄國最古老的兩大家族，托爾斯泰家族和沃爾康斯基家族，是俄國的名門望族。這些都被他以小說的方式加以演繹，表現在《戰爭與和平》中。然而托爾斯泰的生活並沒有因為是貴族而風光體面，反而他從小就知道生活的不易。一方面，父母早逝讓他成了孤兒；另一方面，姑媽們常常帶一些窮苦的教徒回家，這都讓他心甘情願地為平民發聲。

為平民發聲，要讓平民接受更好的教育。為了實現目標，他於1856年退伍，開始專注地研究各種教育體系，並在1857年和1860年先後兩次到歐洲遊歷。在歐洲，他發現真正的民眾教育，不僅是透過學校完成的。報紙、書刊、博物館、圖書館都可以輔助教育的普及，這是一所所「自發的學校」。回到家鄉後，托爾斯泰開始創辦「自發的學校」。他廣收學生，用自己的所學塑造他理想中的知識分子。他的教育不是教條官僚的，而是更加貼近生活的。與此同時，他還擔任了克拉皮夫納縣的仲裁人，保護民眾權益，跟地主和國家強權對抗。

但這個時期的托爾斯泰依舊是不快樂的，雖然在為平民奔走疾呼，可骨子裡的貴族脾氣還是會把他引向賭場，過著糜爛的生活。就是這樣複雜糾結的托爾斯泰，在這個時期寫下了怪誕自負的《兩個驃騎兵》、《阿爾貝特》、《記數人日記》、《三個死者》，等等。

如果沒有愛情，可能托爾斯泰就要向著一個古怪的方向奔去，他大概會忘掉自己的夢想。後人說，托爾斯泰能夠告別糾結，迎來平和的人生，都是愛情創造的奇蹟。然而也正是愛情，拉開了托爾斯泰後半生悲劇的序幕。

1862年，34歲的托爾斯泰無可救藥地愛上了18歲的索菲亞・別爾斯。他和別爾斯家族的每個人都十分熟悉，時常去家裡做客，他先後喜歡過別爾斯家裡母女四人，最終發現自己的真愛是這家的二女兒索菲亞・別爾斯。

婚姻之初，大概有15年的時光，托爾斯泰和索菲亞是非常幸福的，托爾斯泰曾說過「我在戀愛，而我從來沒有想到我能夠這樣去愛。我瘋狂了，如果繼續這樣，我會開槍自殺的。」他很愛索菲亞，甚至把自己最私密的日記，都交給索菲亞看。他的日記詳盡地記錄了他過去的所作所為，包括賭博、欠債、酗酒和靡亂的私生活，甚至包括和一名女奴的交往，並生有一個私生子。他把日記交給索菲亞，這個行為看上去坦坦蕩蕩，卻帶給索菲亞無以名狀的痛苦，這種痛苦在熱戀時還被壓制，一旦歷經生活風波的滌蕩，就會變得茁壯。

本該是齣喜劇

無論如何，在起初的15年裡，生活是美好的。在這段時光裡，托爾斯泰勤奮地進行寫作，索菲亞幫他謄寫。《戰爭與和平》、《安娜・卡列尼娜》、《復活》，索菲亞都參與了謄寫。

但或許是這段感情從開始就打碎了索菲亞的安全感，導致她在後來婚姻中表現出越來越強烈的嫉妒。她在日記中寫道：「我鬱悶不樂、發脾氣是因為他事事都愛、人人都愛，而我要他只愛我。」

婚姻和生活一旦糾纏於某一方的嫉妒，就是暗無天日的地獄。更何況橫在兩人之間的矛盾不僅僅如此。索菲亞一生為托爾斯泰生了13個孩子，而托爾斯泰認為女人生兒育女是「低級的任務」，也就是說，他一邊輕蔑女性的生育，一邊又不斷讓妻子生育，這種不尊重讓妻子很難感覺到愛意。

被婚姻折磨而瘋狂，索菲亞在50歲時愛上了一位年輕的音樂家。大概是真的重新找回了炙熱的愛情，又或許根本是為了讓托爾斯泰也深刻地嫉妒一次，無論如何，索菲亞的出軌，為本就悲哀的婚姻蒙上了更深的陰霾。

而在這種婚姻中的托爾斯泰，把更多的時間和精力奉獻給了文學、哲學和平民。在19世紀80年代，托爾斯泰參加了人口普查的工作，親眼目睹了莫斯科這座大城市的貧窮，他當時非常震驚、沮喪，他難以想像一個文明下面竟然是積貧積弱的真相。這一時期，他創作了《我們該怎麼做》，像鏡頭一樣將莫斯科的貧困記錄下來，並思索著痛苦的根源是什麼。他思來想去，認為是富人那不勞而獲的生活是根源，剝削壓迫平民是表現，所以要消除痛苦最重要的是要拒絕剝削，放棄金錢與田產。

晚年的托爾斯泰放棄貴族的生活，把土地分給農民，並將全部著作的版權公開，這意味著全家的經濟來源沒有了。索菲亞要養育孩子，非常需要這些錢，自然不肯，兩人的鬥爭也因為財產而升級。為了報復丈夫，索菲亞公開了丈夫和女奴那不堪的往事，試圖讓托爾斯泰名譽掃地，而托爾斯泰則稱他的生活「生不如死」。

1910年10月28日，82歲的托爾斯泰離家出走。在當天凌晨3點發生了一件事，年邁的索菲亞又在嫉妒的慫恿下搜查托爾斯泰的書桌，看是否有什麼情人來往的書信，她一如往常地沒有找到，但卻讓托爾斯泰徹底絕望。

寒冷的冬季，衰老的身軀，出走後的11天，托爾斯泰病死在一個鄉下的火車站。他最終用死亡的方式從48年愛過、恨過的女人身邊解脫。

▲列夫·托爾斯泰的代表作品《安娜·卡列尼娜》被美國導演克拉倫斯·布朗搬上了大銀幕，並於1935年8月30日首次上映。

出殯那天，有5000多名哀悼者自發前來送別，他們是被托爾斯泰的思想拯救過的農民、工人和學生，還有貴族、知識分子，這種規模前無古人。附近的村莊徹夜亮燈，在為托爾斯泰守靈。

托爾斯泰的婚姻是悲劇，但他的思想卻照耀了千萬人的前方。他為勞動人民説話，他説人人生而平等，勇敢地拆下自己的肋骨當火把，與殘酷黑暗的統治階級宣戰。他的行為思想，讓無數民權鬥士看到了希望，包括馬丁·路德·金，也包括甘地。

無論他的生活有沒有不堪的一面，他為文學、民權所做的鬥爭都是偉大的。就像羅曼·羅蘭説的：「他是我們的良知，他説出我們這些普通的人都在想的事，以及我們害怕在我們心中看到的東西……他是——如他在信中自我命名的那個一切名字中最美麗、最溫馨的名字——『我們的兄弟』。」

看得見的世界史 俄羅斯

工作人員 staff

文稿撰寫：王彬樺

文圖編輯：王松慧

美術編輯：劉曉東

圖片提供：視覺中國

全景圖片庫

美國紐約大都會藝術博物館

美國洛杉磯郡美術館

美國波士頓藝術博物館

英國不列顛博物館

日本東京國立博物館

法國羅浮宮博物館

義大利佛羅倫斯烏菲齊美術館

荷蘭阿姆斯特丹國立博物館

國家圖書館出版品預行編目(CIP)資料

看得見的世界史：俄羅斯／肖石忠編. -- 初版.
-- 臺北市：臺灣東販股份有限公司, 2022.09
320面：15×21公分

ISBN 978-626-329-417-2（平裝）

1.CST：俄國史

748.1　　111012058

看得見的世界史 俄羅斯

2022年9月1日初版第一刷發行

編　　者　肖石忠
主　　編　陳其衍
封面設計　水青子
發 行 人　南部裕
發 行 所　台灣東販股份有限公司
<地址>台北市南京東路4段130號2F-1
<電話>(02)2577-8878
<傳真>(02)2577-8896
<網址>http://www.tohan.com.tw
郵撥帳號　1405049-4
法律顧問　蕭雄淋律師
總 經 銷　聯合發行股份有限公司
<電話>(02)2917-8022